海外危機管理
ガイドブック

マニュアル作成と体制構築

東京海上日動リスクコンサルティング㈱ 編

深津嘉成 著

同文舘出版

は じ め に

海外で頻発する「危機」

　2017年に，北朝鮮のミサイル発射実験，核実験が相次いで行われ，朝鮮半島情勢が緊迫しました。国内では，ミサイル発射に伴う「全国瞬時警報システム（Ｊアラート）」の発信も経験し，リスクを身近に感じざるを得なくなっていますが，海外拠点，とくに韓国に拠点のある企業では，たとえば北朝鮮が韓国に対し軍事攻撃を開始した場合，駐在員・出張者・帯同家族（以下，駐在員等）の国外退避や国内での避難・籠城などをどう進めるか，具体的に考えておく必要があります。

　また近年，欧州・米国・アジアなどでテロやテロ未遂事件が頻発しており，企業においては海外駐在員，出張者の安全対策が重要な経営課題としてクローズアップされています。

　テロは，残念ながら多くの場合予測できません。万一，自社の駐在員や出張者が海外でテロに巻き込まれた場合，本社や海外拠点が何をすべきか，整理できているでしょうか？　安否確認はどのように行いますか？　駐在員等が負傷して入院した場合の対応は？　家族への連絡はどうしますか？　マスコミからの問合せ対応は？

　また海外で想定される「危機」はテロだけではありません。政情変化・デモや自然災害，事件・事故や感染症など，様々な「危機」が想定されます。これらへの対応はどうでしょうか？

「海外危機管理」体制の構築・見直しが急務に

　こうした際の対応を含む，「海外危機管理」体制の構築・見直しが，企業経営において急務となっています。本書では，「企業による，海外に渡航・滞在する駐在員・帯同家族・出張者の危機管理を含む安全対策」を「海外

i

危機管理」とよぶこととします。この「海外危機管理」体制が十分整備されていないまま，自社の駐在員等が海外で重大な事件に巻き込まれると，企業として十分な対応ができず，従業員や取引先からの信用を失う事態にもなりかねません。

企業の「海外危機管理」

　世の中に海外リスク，海外危機を扱った書籍や資料は多いのですが，実は多くが旅行者や駐在員・帯同家族・出張者などの個人を対象にしており，企業としての対応，すなわち企業の「海外危機管理」を正面から扱った書籍はなかなかないのが実情です。

　理由は2つあると思います。1つは旅行者・出張者などの海外渡航者は近年どんどん増えていますが，これだけグローバル化が叫ばれる現在においても，海外で事業を展開する企業の数は，まだそれほど多くはない（日本の法人企業数：約170万社に対して，海外展開企業数：9,601社（約0.5％））からです。

　もう1つは，海外で事業を展開する企業のほとんどが，これまで対応に困るような重大な「危機」を経験していないからです。たとえば，2016年の総出国邦人数は約1,711万人であるのに対し，海外で事故・災害・犯罪等で亡くなった邦人は1年間で71人（2016年）でした。海外での死亡事例が確実に毎年発生していることは注目すべきですが，一方で，ほとんどの企業関係者は大きな問題はなく，海外ビジネスを進めている，という実態がうかがえます。

　ただ，これからグローバル化が一層進展するなかで，本当にこれまでどおり，「何事もない」まま海外ビジネスを進めることができるでしょうか？答えは否です。テロの頻発など海外でのリスクが高まっている一方でグローバル化の進展で駐在員等が海外へ渡航する機会が一層増えれば，多くの海外展開企業が，恐らく数年以内に海外での「危機」を経験する可能性

は比較的高いと言えます。

首都直下地震や南海トラフ地震は，「30年以内に70％以上の確率で発生する」と言われており，多くの企業がその対策を進めています。海外での危機発生はどうでしょうか？　もちろん会社ごとの渡航頻度・渡航人数によって全く異なりますが，もっと高い確率で，海外の危機発生は想定されるかもしれません。多くの企業は「明日起きてもおかしくない」リスクとして，認識すべきではないかと思うのです。

本書の目的

本書ではこのような問題意識にもとづき，海外危機管理体制をこれから本格的に構築される方々（経営層，幹部層，海外危機管理担当部署，海外事業関係者）に，どのような手順で取組みを進めるべきかを，できる限り具体的に説明します。序章で海外での危機事例を概観したうえで，1章では海外危機管理の概要を解説し，2章では，まずは海外危機管理体制構築の基本となる「海外危機管理マニュアル」の作成を取り上げ，マニュアル作成を通じた体制構築の進め方について解説します。3章では，具体的な「海外危機管理マニュアル」の作成例を示します。

4章以降は，「マニュアルはとりあえずできた」という企業を対象に，「最低限」の海外危機管理体制としてどのような取組みが必要か，さらにその体制を「レベルアップ」していくために，必要となる教育・訓練の方法や基礎知識を解説しています。

本書が皆様の会社の，海外事業の展開・強化を通じた健全な事業発展，そして企業価値の向上に，少しでもお役に立てば幸甚です。

目　次

はじめに　i

序　章　海外で頻発する危機 ——————————— 1

第1章　企業に求められる海外危機管理 ——————— 5

1　海外における安全対策としてどのような対応が必要ですか？ ················· 6
2　「海外危機管理」とは具体的に何ですか？ ······························· 8
3　「海外危機管理」の対象者は誰ですか？ ······························· 10
4　「海外危機管理」の目的はどう設定すべきですか？ ····················· 12
5　「海外危機管理」はまず何から着手すべきでしょうか？ ····················· 14

第2章　海外危機管理マニュアルを作る ——————— 17

1　「海外危機管理マニュアルは不要」という意見もありますが？ ··············· 18
2　問題のある海外危機管理マニュアルの例とその改善策を教えてください ··· 20
3　海外危機管理マニュアル作成における基本的な考え方を教えてください ··· 22
4　海外危機管理関連マニュアルの体系はどうすべきでしょうか？ ··············· 24
5　海外危機管理マニュアルにおける重要な考え方を教えてください ·········· 26
6　海外危機管理マニュアル作成の流れを教えてください ····················· 30
7　海外危機管理マニュアルの作成において，
　　まず検討し，決めるべきことを教えてください① ····························· 32
8　海外危機管理マニュアルの作成において，
　　まず検討し，決めるべきことを教えてください② ····························· 34

iv

目　次

9　海外危機管理マニュアルの作成において，
　　まず検討し，決めるべきことを教えてください③ ………………………… 36

10　海外危機管理マニュアルの作成において，
　　まず検討し，決めるべきことを教えてください④ ………………………… 38

11　海外危機管理マニュアルの構成例を教えてください ……………………… 40

12　作成例を使って自社用の海外危機管理マニュアルを
　　作成する方法を教えてください ……………………………………………… 42

13　海外危機管理マニュアル作成の，
　　仕上げのチェックポイントを教えてください ……………………………… 44

第3章　海外危機管理マニュアルの作成例 ———— 47

Ⅰ.　海外危機管理体制の構築・運用方針 ……………………………………… 52

Ⅱ.　海外危機管理体制 …………………………………………………………… 54

Ⅲ.　平常時における海外危機管理 ……………………………………………… 55

Ⅳ.　緊急事態発生時における海外危機管理 …………………………………… 58

Ⅴ.　緊急事態別対応方法 ………………………………………………………… 65

Ⅵ.　緊急退避要領 ………………………………………………………………… 83

第4章　海外危機管理体制を構築する ———— 93

1　海外危機管理マニュアルを活用するためのポイントを教えてください …… 94

2　海外危機管理体制構築のポイントを教えてください ……………………… 96

3　海外で事件・災害等が発生した場合の本社の対応を教えてください
　　―「最低限」の海外危機管理体制の構築（1）― ………………………… 98

4　海外で事件・災害等が発生した場合の本社の対応を教えてください
　　―「最低限」の海外危機管理体制の構築（2）― ………………………… 102

v

5 海外で事件・災害等が発生した場合の本社の対応を教えてください
　　―「最低限」の海外危機管理体制の構築(3)― ……………………… 106

6 海外での医療機関利用における留意点について教えてください
　　―「最低限」の海外危機管理体制の構築(4)― ……………………… 110

7 駐在員等が急病や死亡，または
　政変等に巻き込まれた場合の対応を教えてください
　　―「最低限」の海外危機管理体制の構築(5)― ……………………… 114

8 駐在員等が誘拐等の被害に遭った場合の対応を教えてください
　　―「最低限」の海外危機管理体制の構築(6)― ……………………… 118

9 危険地域へ渡航・滞在する場合の対応を教えてください
　　―「最低限」の海外危機管理体制の構築(7)― ……………………… 122

第5章　海外危機管理体制を強化・維持する ――― 125

1 「海外危機管理体制」強化・維持のポイントを教えてください …………… 126

2 海外危機管理体制の強化・維持(1)
　―「経営トップの関与」を引き出すためのポイント― ………………… 128

3 海外危機管理体制の強化・維持(2)―「教育・訓練」の進め方― ……… 130

4 駐在員向けの海外危機管理に関する教育・研修のポイントは何ですか？ …… 132

5 出張者向けの海外危機管理に関する教育・研修のポイントは何ですか？ …… 136

6 海外危機対応訓練はどのような種類を選ぶべきですか？ ……………… 138

7 海外危機対応訓練における机上型シミュレーション訓練の
　企画・実施はどのように進めますか？ ………………………………… 140

8 海外危機対応訓練におけるリアルタイム型訓練の
　企画・実施はどのように進めますか？ ………………………………… 142

9 海外危機対応訓練における広報対応を含む訓練の
　企画・実施はどのように進めますか？ ………………………………… 146

目　次

10　海外危機管理体制の強化・維持（3）

　　―「継続的改善」のポイント①― ……………………………………… 148

11　海外危機管理体制の強化・維持（4）

　　―「継続的改善」のポイント②― ……………………………………… 150

第6章　海外危機管理担当者が知っておくべき知識 － 155

1　日本企業のグローバル化はどの程度進展していますか？ ……………… 156

2　企業はなぜ「海外危機管理」に取り組むべきでしょうか？ …………… 160

3　企業の「安全配慮義務」とはどのようなものですか？ ………………… 162

4　企業価値を高める海外危機管理とはどのようなものですか？ ………… 164

5　海外における企業のリスク・危機をどう考えるべきですか？ ………… 166

6　「テロ」の世界的状況を教えてください ………………………………… 170

7　「政変・紛争・暴動」の世界的状況を教えてください ………………… 172

8　「自然災害」の世界的状況を教えてください …………………………… 176

9　「感染症」の世界的状況を教えてください ……………………………… 180

10　「一般犯罪」の世界的状況を教えてください …………………………… 184

11　「交通事故」の世界的状況を教えてください …………………………… 188

12　国・地域ごとのリスクをどのように評価すべきですか？ …………… 194

13　国・地域ごとの生活環境をどのように評価すべきですか？ ………… 198

14　国・地域ごとの汚職・腐敗蔓延の度合いについて教えてください ……… 202

15　国・地域ごとの報道の自由度の違いについて教えてください ……… 204

16　国・地域ごとの治安管理レベルの違いについて教えてください ……… 206

参考文献　208

関連URL一覧　212

索　　引　216

vii

知っておきたいポイント　一覧

本社と現地の感覚の違い〜タイ・クーデター（2014年）〜 ················· 100

海外危機管理の重要性〜湾岸危機邦人人質事件（1990年）〜 ············· 101

海外危機管理のためのニュースサービスとは？ ····························· 105

企業における海外出張手配のあり方 ·· 108

海外危機管理の観点における通信手段 ······································ 109

「海外邦人援護統計」における疾病等での援護件数 ························· 113

アシスタンスサービス会社を選ぶ際のポイント ····························· 117

海外での邦人誘拐事件 ·· 120

施設襲撃の典型例〜ペルー大使公邸占拠事件（1996-1997年）〜 ········ 121

施設襲撃事例の教訓〜アルジェリア人質事件（2013年）〜 ················ 124

邦人が巻き込まれたテロ ·· 134

「危機の予測」の難しさ〜米国WTCビル爆破テロ（1993年）〜 ············ 152

「想像力の欠如」が招く被害〜米国同時多発テロ（2001年）〜 ············· 153

海外在留邦人数調査統計 ·· 158

在留邦人が多い国での政情変化〜ジャカルタ暴動（1998年）〜 ············ 175

海外における自然災害被害〜タイ洪水被害（2011年）〜 ··················· 179

未知の感染症の感染拡大〜SARS感染拡大（2003年）〜 ··················· 183

当局による拘束リスク ·· 187

交通インフラ整備ランキング ·· 191

海外出張における航空会社の選び方 ·· 192

海外出張におけるホテルの選び方 ·· 193

不安定化する世界〜平和度指数ランキング〜 ······························ 197

駐在員・帯同家族にとって住みやすい都市とは？ ························· 200

駐在員・帯同家族のメンタルヘルス対策 ··································· 201

序　章

海外で頻発する危機

海外で邦人が巻き込まれる事件・事故が多発

日本企業のグローバル化が進展し，多くの社員が駐在員，出張者として海外に渡航するなか，海外で邦人ビジネスパーソンが巻き込まれる事件・事故が近年，多発しています。

2013 年，北アフリカ・アルジェリアの LNG プラントがイスラム過激派の武装集団に突如襲撃され，邦人 10 人を含む 48 人の命が犠牲となった事件は記憶に新しいところかと思います。またその後も，2016 年 7 月のバングラデシュの首都ダッカでの銃撃テロで邦人 7 人を含む 22 人がイスラム過激派系とみられるテロリストに殺害される痛ましい事件も起きています。

テロリズムの拡散

近年，テロリズム（テロ）の脅威が世界的に「拡散」していると言われ，邦人ビジネスパーソンが多く渡航する欧米やアジアの国々でテロが発生する事例も増えています。たとえば 2015 年 11 月にフランスの首都パリの中心部で発生した同時多発テロは，少なくとも 130 人が死亡，300 人以上が負傷する大惨事となりました。また最近では 2017 年 6 月，イスラム教徒が日の出から日没まで断食を行う「ラマダン月」の期間中に，欧米先進各国（英国，フランス，米国，ベルギー）の首都や都市部で相次いでイスラム過激派によるとみられるテロが発生しました。

政情変化・暴動の発生

海外ではテロのほか，急激な政情変化や暴動等もたびたび発生しています。2013 年にはエジプトで大統領罷免をめぐる大規模な暴動が発生し，現地の一部駐在員等が退避を余儀なくされる事態がありました。2014 年にはタイでクーデターが発生し，2016 年にはトルコでクーデター未遂事件が発生しました。

海外における大規模自然災害

　海外で大規模な自然災害も頻発しています。近年の災害では，2013 年の
フィリピン東部を襲った台風 30 号「ハイエン」が記憶に新しいところで
す。中心気圧 895hPa という特大の台風に伴う大規模な高潮が沿岸部を襲
い，フィリピンだけで 6,200 人以上が亡くなり，在留邦人の被害は出な
かったものの，一時音信不通となった例が多くありました。

　インドでは例年，モンスーンの影響による大規模な風水害が発生してい
ますが，2016 年 12 月には大規模なサイクロン「Vardar」が同国南部に上
陸し，少なくとも 18 人が死亡，1 万 3,000 人以上が避難を余儀なくされる
など，甚大な被害が出ました。

大規模な火災・爆発事故

　大規模な火災や爆発事故も各国で発生しています。2015 年 8 月に中国・
天津港で発生した大規模な爆発事故では，保管されていた大量の化学物質
の爆発により少なくとも 165 人が死亡，800 人近くが負傷したほか，周辺
の日系を含む複数の企業拠点に甚大な被害をもたらしました。2017 年 6 月
には英国・ロンドン西部の高層住宅で大規模な火災が発生し，少なくとも
80 人が死亡または不明となる被害が発生しました。

感染症の感染拡大

　感染症の感染拡大も，海外でたびたび発生しています。2003 年の中国・
香港を中心とした SARS（重症急性呼吸器症候群）の大流行，2009 年のメ
キシコ「豚インフルエンザ」流行を発端としたインフルエンザ A（H1N1）
の世界的感染拡大，近年では 2013 年から 2016 年にかけての西アフリカで
のエボラ出血熱の感染拡大，2015 年の韓国での MERS（中東呼吸器症候
群）の感染拡大，などが記憶に新しいところです。

企業における具体的な対策の必要性

　これらのように，海外で駐在員等が遭遇する可能性のある危機事象は様々あります。これらに遭遇し，被害を受ける事態をどう防げば良いのか，さらに万一被害に遭ってしまった場合は，どのように対応すべきなのか，まずは駐在員等が自ら自身の安全を守ることも重要ですが，会社として，どのような対応を行うべきかを速やかに検討し，具体的な対策を講じることが各企業に求められています。

第 1 章

企業に求められる海外危機管理

1 海外における安全対策としてどのような対応が必要ですか?

「海外危機管理」の主体別マトリックス

　序章において，海外で発生する主な危機事象，事件・事故を挙げました。
　これらの被害を防ぎ，万一の発生時に適切な対応を行うためには，どのような対応が必要でしょうか？
　「海外危機管理」「海外安全対策」とは，多くの場合，企業の駐在員等の安全対策を指しますが，具体的に取り組むべき安全対策，活動は，以下のとおり，4つに分類できます。

■「海外危機管理」の主体別マトリックス■

場所 \ 実施主体	会社	個人
本社	本社において会社が取り組むべきこと	本社において各個人（出張者，出張者の管理者）が取り組むべきこと
海外拠点	海外拠点において会社が取り組むべきこと	海外拠点において各個人（駐在員・帯同家族）が取り組むべきこと

　場所を「本社」と「海外拠点」に分け，さらに実施主体を「会社」と「個人」に分けています。実は「海外危機管理」の活動を議論する際，「誰がやるべきか」が不明確なまま議論が行われることがありますが，常に上記マトリックスを念頭に「誰がやるべき対策なのか」を確認することが有用です。

誰がやるべき対策かを常に確認しよう

　たとえば，海外現地のテロ等のリスクに対する注意喚起の文言で「現地のテロや治安に関する最新情報を入手すること」等の記載がみられますが，これは誰がやるべき対策でしょうか？　この注意喚起がたとえば，外務省の海外安全ホームページに書いてあれば，日本からの渡航者（出張者等）個人に向けて書かれている，だから渡航者個人がやるべき，とわかります。このように実際の注意喚起においては，誰に向けて書かれたものかを確認すれば明らかな場合も多いのですが，受け取り手をあまり意識していない場合，往々にして「誰がやるべき対策か」が曖昧になってしまっているケースもみられます。

　以降，本書においても，できる限り，「誰がやるべきことか」を明確に記載していくつもりですが，読者の方々もこのことを常に意識して，対策の検討を進めてもらえればと思います。

1章

2 ▶ 「海外危機管理」とは具体的に何ですか?

「海外危機管理」という言葉について

　ここで改めて「海外危機管理」という言葉について触れておきたいと思います。本書では，「企業による，海外に渡航・滞在する駐在員・帯同家族・出張者の危機管理を含む安全対策」を「海外危機管理」とよぶこととしています。しかしこの「海外危機管理」という言葉は，正式に何かに定義された用語ではなく，慣例的に一部の企業や専門家の間で使われているもので，企業や組織によっては別の用語を使っている場合もあります。

　実際に外務省等の政府機関や専門家による資料・書籍においても，同様の意味で様々な言葉が使われています。2017年6月，外務省が「海外安全

■ 最近刊行された海外危機管理関連資料・書籍のタイトルと内容の例 ■

※下線は筆者

発行者・著者 (敬称略)	発行年	タイトル	主な内容・特徴
さいとう・たかを (企画・制作：外務省)	2017	『ゴルゴ13の中堅・中小企業向け**海外安全対策**マニュアル』	中堅・中小企業および駐在員・出張者を主な対象として必要な安全対策を解説している。
株式会社名南経営コンサルティング社会保険労務士法人名南経営	2017	『**海外赴任者の危機管理対策**マニュアル』	海外進出企業の本社を対象として，現地災害，健康管理，賄賂等の違法行為など，様々なリスクに対する対応を解説している。
日本在外企業協会	2016	『**海外赴任者・出張者の安全**マニュアル≪改訂第2版≫』	駐在員・出張者を対象に「オフィス」「自動車」に関する安全対策や「誘拐」「緊急退避」等の平時の備え，発生時の対応を解説している。
菅原出，ニルス・ビルト	2014	『**海外進出企業の安全対策**ガイド』	企業の安全対策担当・関係者を主対象として，主に危険度の高い国・地域でのビジネスに関する安全対策を解説している。

ホームページ」に公表した中小企業向けの海外安全啓発冊子のタイトルは
「ゴルゴ13の中堅・中小企業向け**海外安全対策**マニュアル」でした。

　このようにこれまで発行された資料・書籍をみると、主な読者対象や記載内容が異なるものの、「海外駐在員等の安全対策」という共通の内容を少し異なるタイトルで記載しています。

用語が統一できない背景

　このように用語が統一されていないのは、「海外駐在員等の安全対策」を端的に示す言葉がこれまで確立されてこなかった結果であり、「海外危機管理」「海外安全対策」「海外赴任者の安全対策」等、いずれの言葉でも少しずつ、意味のズレが存在することに起因すると思います。

　たとえば「海外危機管理」は「海外」＋「危機管理」という言葉であり、「危機管理」には様々な定義が存在します。たとえば国際標準規格に基づくマネジメントシステム規格「JISQ22320：2013」では、「危機管理（緊急事態管理）」とは「発生する可能性のある緊急事態を予防し、管理する総合的アプローチ」と定義しています。

　この定義に基づくと「海外危機管理」は、海外での「危機」（＝緊急事態、企業経営に深刻な影響をもたらす事態・状況）を対象とすることとなりますが、たとえば、一般犯罪の被害のうち、スリ・窃盗などは「危機」とよべるか、といった疑問が出てきます。

　このように厳密に考えていくと、どの用語が最も適切かは、目的や状況による、と言えるかもしれません。ただ、毎回「企業による、海外に渡航・滞在する駐在員・帯同家族・出張者の危機管理を含む安全対策」とよぶのは、やはり不便ですので、便宜上、本書では「海外危機管理」の語を使います。皆様の会社では過去からの経緯等により決まった用語がある可能性もありますので、社内でより誤解や混乱が生じない用語を選ぶことが現実的かと考えます。

9

1章

3 ▷ 「海外危機管理」の 対象者は誰ですか?

海外現地採用の従業員の扱いをどうするか?

ここまで,「海外危機管理」の対象は「海外に渡航・滞在する**駐在員・帯同家族・出張者**」としてきました。実はこの点も多くの議論があります。まず,最も多い疑問は,「現地採用の従業員を含めなくて良いのか?」という点です。

海外現地での生産・販売・サービスを行うため,多くの日本企業が現地で従業員(慣例的に「ナショナルスタッフ」「ローカルスタッフ」「ローカル社員」等とよばれます)を雇用しています。とくに製造業の現地法人では,駐在員 10 人に対して 1,000 ～ 2,000 人以上の現地従業員を雇用している,といった例などもみられます。彼らの安全対策は会社として考えなくて良いのでしょうか?

現地従業員の危機管理体制構築

この疑問に対しては「現地従業員の危機管理も,会社として考えるべき」と答えられます。ただし,「現地採用従業員の危機管理体制構築は本来,現地法人が行うべき」なので,「日本本社は現地法人の経営支援の一環として,現地法人の体制構築を支援すべき」と考えます。

典型的な設立形態の場合,現地法人は当該国の法令に従って,日本のグループ本社や地域統括会社等が出資して現地に設立します。そして現地従業員は,現地法人が雇用します。日本を含む多くの国の法律は,雇用者に対して,労働者がその生命,身体等の安全を確保しつつ労働することができるよう必要な配慮をする義務=「安全配慮義務」を規定しています。「安全配慮義務」が発生するのはまず,現地法人なのです。これが「現地従業員の危機管理体制構築は現地法人が行うべき」という理由です。

ただ，多くの場合，「とは言っても，現地法人には十分な管理・人事の知識を持ったスタッフがいない・・・」「そもそも要員がいない」という声が聞かれます。そこで「日本本社が現地法人の体制構築を支援すべき」となります。支援の方法は様々考えられますが，まずは本社の方々が（本書を読んで），駐在員等の「海外危機管理」体制をしっかりと構築し，そのノウハウを現地法人に提供するのが，一番の近道ではないかと考えています。

帯同家族の海外危機管理

　そもそも「駐在員・出張者」が海外危機管理の対象になるのは，この「安全配慮義務」が根拠です。駐在員・出張者は日本本社の従業員ですから日本本社が「安全配慮義務」を直接負っているわけです。

　では「帯同家族」はなぜ対象になるのでしょうか？　帯同家族は，社命により海外現地へ長期間赴任することとなった「駐在員」へ同行する家族（配偶者，子供等）です。会社が渡航費用を負担し，現地の生活支援費用を負担することが多くみられるように，危機管理についても会社が支援することが必要です。万一家族の身に何かあれば，駐在員は仕事どころではなくなるからです。

海外危機管理の対象者

　まとめると，企業の日本本社が取り組むべき「海外危機管理」は，まずは「駐在員・帯同家族・出張者」を対象にすえて進めるべきです。それが企業の法的義務を果たすことにもなります。一方，並行して，または段階を追って，「現地従業員」の危機管理にも取り組むべきです。

1章

4 「海外危機管理」の目的は どう設定すべきですか?

海外危機管理と海外の様々なリスク

　海外危機管理の目的も，改めて確認し，明確にしておく必要があります。「海外危機管理」は「企業による，海外に渡航・滞在する駐在員・帯同家族・出張者の危機管理を含む安全対策」ですので，目的は「駐在員・帯同家族・出張者の生命・身体・財産を様々なリスクから守ること」です。

　ここで「リスク」という語を使うと，様々な疑問が出てきます。とくに大きな疑問は「駐在員・帯同家族・出張者の生命・身体・財産に影響を及ぼさない，その他のリスクは考えなくて良いのか？」というものです。

　たとえば……

◆「世界各国で贈収賄による取締まり，摘発が強化されており，日本企業の巨額罰金事例も出ている。贈収賄リスクについて考えないのか？」

◆「独禁法，不正競争防止法対応については？」

◆「近年，被害報道が増えている，サイバー攻撃のリスクはどうするのか？」

◆「EU一般データ保護規則施行を受け，個人情報漏えいリスクを考えるべきではないか？」

　もちろんこれらのリスクへの対応も企業にとって重要な課題です。企業によっては，上に挙げたリスクのなかに，対応の緊急性が高いものがあり得ます。これらへの対応は，企業の全社的リスクマネジメント（Enterprise Risk Management：ERM）の一環として取り組むべきなのです。

全社的リスクマネジメント（ERM）と海外危機管理

　こうみると，海外危機管理とは，「駐在員・帯同家族・出張者の生命・身体・財産に被害・影響を及ぼすリスク」のみを対象とした，リスクマネジ

第1章 企業に求められる海外危機管理

12

メントの活動の1つであるということがわかると思います。企業のERMとしては，まず様々なリスクをできるだけ漏れなく洗い出し，その後それらの企業経営にとっての「重要度」を評価し，対策の優先順位を付けることが求められます。

海外危機管理について改めて確認すべき事項

また，海外危機管理については，以下の観点も重要です。

◆現在，「テロの拡散」という状況が指摘されており，世界のなかでも最も治安が良いとされる欧米先進国においても，テロの脅威が存在する。また自然災害，政変・暴動，感染症等を考慮すると，海外へ進出するすべての企業の駐在員等の生命・身体・財産が様々なリスクにさらされていることを考慮し，対策がとられているか？

◆海外危機管理の取組みを先延ばしにすることが，駐在員等，または将来駐在員・出張者となり得る従業員全員に対して，会社への帰属意識を下げさせ，業務へのモチベーションを下げる原因とならないか？

◆駐在員・出張者の危機管理・安全対策への取組みは企業の義務であるが，たとえば万一，駐在員・出張者が1人でも重大な事件・事故に遭遇してしまった場合，会社は現状のままで，法的責任を果たすための最低限の対応ができるか？

◆対応に不備があり被害を拡大させ，会社や役員が株主から責任を追及される可能性はないか？

◆または同様に，従業員の命を軽視した会社として，マスコミやネット上で厳しい追及を受ける可能性はないか？

これらを考慮すると，多くの企業にとって海外危機管理は先送りにすべきものではなく，速やかに取り組むべき対策であることがわかります。

1章 5 「海外危機管理」はまず何から着手すべきでしょうか?

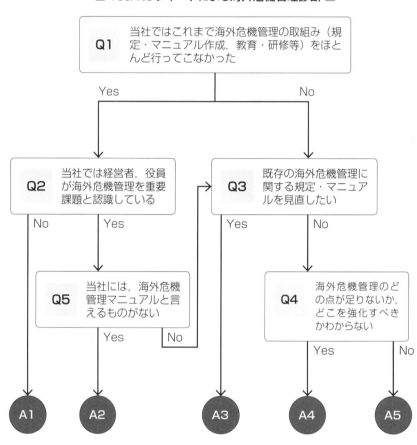

■ Yes/No チャートによる海外危機管理診断 ■

何から取り組むべきかがわかる「Yes/No チャート」

　海外危機管理に関する取組みをはじめるにあたって，まず何から着手すべきでしょうか？

　当然ながら会社のこれまでの取組み状況により，着手すべきことは異なってきます。ここでは，「Yes/No チャート」に沿って，まず何から取り組むべきか，と本書のどの部分を読めば良いかを確認してみてください。

（回答）

A1 まずは経営者，役員に海外危機管理の重要性を認識してもらうことが先決です。危機管理の要諦はトップダウンです。トップの意識がないと，対策は一切進みません。第6章「**2.** 企業はなぜ「海外危機管理」に取り組むべきでしょうか？」をよく読み，経営者，役員を説得する材料を確認してみてください。

A2 マニュアルや文書に過度に依存するのは考えものですが，海外危機管理の推進のためには，まずは関係者の意識統一のため，マニュアルを作成することが重要な第一歩となります。第2章をよく読み，早速海外危機管理マニュアルの作成にチャレンジしてみてください。

A3 規定・マニュアルを作成する以上，適切かつ効果的な規定・マニュアルにしたいものです。しかし時々，「海外危機管理マニュアル」等，もっともらしいタイトルを付けただけの，中身が伴わないマニュアルも多く目にします。第2章「**2.** 問題のある海外危機管理マニュアルの例とその改善策を教えてください」をまずは一読することで，すでに持っている規定・マニュアルを診断してみてください。診断の結果，足りないものなどが把握できれば，そのまま第2章を読み進め，必要な箇所を参考に規定・マニュアルのブラッシュアップを図ってみてください。

15

A4 本書は読者の方々が抱える悩みにも応えられるよう，海外危機管理体制構築について「最低限」必要なこと，「レベルアップ」のために必要なことを解説しています。本書の第4～5章を順番に読んでいき，自社で取り組んでいないこと，足りないこと，見直しが必要な点がないか，確認してみてください。

A5 「海外危機管理のどの点が足りないか，どこを強化すべきか」がよくわかっている，ということですね。自社の海外危機管理体制の現状をよく把握されていて，大変素晴らしいことと思います。皆様の会社にはもはや本書は必要ないかもしれませんが，念のため，本書の目次を一通り読み，自社として強化ポイントとなりそうな項目がないか，確認し，何か気になる項目があればその項だけでも一読することをおすすめします。「海外危機管理」もまた，終わりのない活動と考えています。是非さらなるレベルアップを図り，会社の経営体制の強化，企業価値向上を図ってください。

第2章

海外危機管理マニュアルを作る

2章
1 「海外危機管理マニュアルは不要」という意見もありますが?

本来「海外危機管理マニュアル」は不要?

本章ではいよいよ「海外危機管理マニュアル」の作成について，説明していきます。

「危機管理において，マニュアルは不要，むしろない方が良いくらい」こういうご意見をおっしゃる専門家の方もいます。なぜでしょうか?

危機管理は「発生する可能性のある緊急事態を予防し，管理する総合的アプローチ」と先に述べました（第1章2）。つまり簡単に言うと，危機管理の目的に「マニュアルを作る」という項目はないのです。目的でない以上，マニュアルがなくても「緊急事態を予防し，管理する」ことができるのであれば，マニュアルは不要なのです。

たとえば筆者の知っている会社で，海外危機管理「専門家」とよばれる方を海外人事担当として置いている会社があります。海外危機管理を長年担当されていて，世界中の様々な事件・事故に本社の担当として対処してきた豊富な経験から，何か起きたときに拠点責任者や駐在員がその方に相談すればたちどころに適切な対応方法を教えてくれるわけです。こんないわゆるスーパーマンのような「専門家」の方にはおそらくマニュアルは不要と思われます。どのような場合にどうすべきか，何を注意すべきかが瞬時に判断できるわけです。

「専門家」がいない会社にはマニュアルが必要

一方，問題はこのような「専門家」のいない会社はどうするか? です。何か起きれば外部の専門家（コンサルタント等）に相談しながら，社内関係者で検討し，決断していかなければなりません。そのときの社内関係者はおそらくほぼ全員が海外危機管理の専門家ではなく，定期的な人事異動

でたまたまその部署にきた方ばかりです。専門でないと，どうしても抜け・漏れが発生します。重要な対応項目を忘れて，後で大きな問題，場合によっては被害拡大につながりかねません。こうした事態を防ぐためには，色々な事態を想定したチェックリストや，標準的な対応手順を示す文書が必要なのです。これが「マニュアル」です。専門でない関係者が協力して，適切な対応を行うためには，**関係者間の役割分担や標準的な対応等をあらかじめ社内で確認し，関係者間で合意してマニュアル等の文書にまとめて共有しておくことが**，非常に有効なのです。

マニュアルには弊害もある

　最初の専門家の意見に戻ります。「（マニュアルは）ない方が良いくらい」とのことですが，これはなぜでしょうか？

　実はマニュアルには，使い方によっては弊害があるのです。主には3つの弊害があります。「マニュアルを作成することで満足してしまう」弊害，「マニュアルを過信する」弊害，「マニュアルに縛られる」弊害です。マニュアル完成に関係者が満足して関心が薄れてしまう，マニュアルを過信してさらなるブラッシュアップを怠ってしまう，マニュアルの記載の遵守に拘るあまり，適切な行動ができない，といったケースがあり得るのです。

　企業としては，これらの弊害を念頭に置き，そのような弊害が生じないよう注意・工夫しながら，マニュアルを作成し，適切な危機管理対応のために役立てていくことが望まれます。

問題のある海外危機管理マニュアルの例とその改善策を教えてください

頻繁にみられる「問題のあるマニュアル」の例

　我々コンサルタントは，企業の皆様から，「とりあえず，社内でマニュアルを作ってみたが，これが適切かどうか，自信がない」とのことでマニュアル診断の依頼を受けることがあります。このような場合に預かる会社独自のマニュアルをみていると，素晴らしいマニュアルもありますが，改善の余地や問題がある例もあり，それらには一定の傾向やパターンがみられるようです。

　以下，頻繁にみられる問題のあるパターンと，それぞれ改善の方向性を示します。

パターン1　個人の対応に終始している

　まず当然ながら，「海外危機管理マニュアル」を作成するときに，誰向けに何を書いたマニュアルなのかを明確にする必要があります。本書で想定しているのは，本社や海外拠点等の関係者向けに会社としての対応方針・要領を書いたマニュアルなのですが，単に「海外危機管理マニュアル」というと，駐在員や出張者の，各個人が気をつけるべきこと，実施すべきことなど，つまり個人の対応に終始したマニュアルを作成されている例が頻繁にみられます。

　これはこれで必要なものですが，このようなマニュアルだけでは，会社としての対応は適切に行えず，十分な「海外危機管理体制」とまでは言えません。海外危機管理について，個人の対応とは別に，会社としての対応をどうするか，を示すマニュアルを作成する必要があります。

パターン2 肝心な対応方法が十分具体的になっていない

次に頻繁にみられる例は，会社としての対応を記載しているのですが，各対応が具体的になっていないパターンです。

- ◆「駐在員や出張者の生命・身体の安全に関わる事態について，常に情報を収集し，備えるものとする」
- ◆「海外で緊急事態が発生した場合には，関係者が速やかに情報を共有し，適切な対応を行う」

このような記載でも，一定の方向性は示していると言えますが，実際にマニュアルを読み，行動する関係者からすると，あまりに抽象的すぎる，と言えます。対応要領・手順についての記載は，できる限り具体的な記載を目指すようにしましょう。とくに，最低限明確にすべきポイントとしては，「対象リスク」「組織と役割」「必要な情報内容」「具体的な行動」が挙げられます。

パターン3 特定の状況に対応できない

最後のパターンは，実は致命的な問題ではありません。たとえば一般的な危機対応については一通りの対応が書かれていますが，「誘拐」発生時の対応が書かれていない，「緊急避難」についての詳しい手順が書かれていない，などの場合があります。

危機管理もまた，PDCA（Plan（計画）➡ Do（実行）➡ Check（評価）➡ Act（改善））サイクルに基づく「継続的改善」を繰り返していくべき，終わりのない活動です。この観点で，「現行のマニュアルで対応できない危機事象」については，必要性に応じて順次，マニュアルを拡充することで，対応範囲を増やしていく必要があります。

3 海外危機管理マニュアル作成における基本的な考え方を教えてください

「海外危機管理マニュアル」作成に入る前に，作成における基本的な考え方を確認しておきましょう。

まず，マニュアルを作成するうえでのポイントを3つ挙げます。
(1) 決定事項は正式なルートで明確に決める
(2) 明解な記述を目指す
(3) 完璧を目指さない

決定事項は正式なルートで明確に決める…(1)

海外危機管理マニュアルの作成は，単なる原稿作成作業（＝Word や PPT ファイルを作ること）ではない，ということをまずしっかり理解する必要があります。では，海外危機管理マニュアルを作成する目的は何でしょうか？

海外危機管理マニュアルを作成する目的は，危機発生時に適切な対応を行うため，関係者間の役割分担や標準的な対応等を**あらかじめ関係者間で合意して決定し，共有しておくこと**です。そうすることで少なくとも，実際に危機が発生し，一刻一秒を争う状況のなかで「これは誰の担当だ？」「○○部の責任ではないのか？」「なぜウチがこの対応を行う必要があるんだ？」等の疑問や「綱引き」が発生し，適切な対応が迅速に行えない事態を避けることが期待できるのです。とくにどの部門や役職者が対応するのか，といった事項は，当該部門，役職者があらかじめしっかり合意していないと，結局，揉めることとなります。そのため，「とりあえず暫定で」等ではなく，必ず，できる限り正式なルート・手続きを経て，先延ばしにせず期限を切って，決めておくことが必要となります。

明解な記述を目指す…(2)

　マニュアルの記述は，できる限り，明解な記述とする必要があります。以下をポイントとして記述することが望まれます。

　　a．読む対象者が明確化され，体系がわかりやすい
　　b．読みやすく，わかりやすい
　　c．対策方針，対応方針等が明確化されている

　危機は往々にして，あらかじめ想定したとおりには発生しないため，マニュアルに記載する対応手順はあくまで「標準的な手順」です。実際の危機発生時は対応手順を参考にしながらも，記載のない状況を含めて柔軟に対応することが求められます。この際，大変重要になるのは，対策方針，対応方針等の基本的な方針です。なぜなら，あらかじめ決められていない状況に直面した場合は，基本的な方針に立ち戻って，判断することとなるからです。

完璧を目指さない…(3)

　危機管理は，最初から完璧を目指さないことが重要です。危機とは，いつ，どのような形で発生するか予想できません。予想できないものを相手に，想像力を発揮しながら，可能な範囲で予測して備えるのが危機管理です。元来，どう頑張っても完璧とは程遠いのが普通なのです。

　ただし，完璧を目指さない代わりに，経験を積みながら継続的改善を図る仕組みがあることが重要です。

　この観点で，海外危機管理マニュアルでは，以下の2点を考慮する必要があります。

　　a．継続的改善の支障となる形骸化を防止する工夫があること
　　b．拡張性，汎用性がある形式とすること

2章 4 海外危機管理関連マニュアルの体系はどうすべきでしょうか？

　海外危機管理には立場の異なる関係者が多数いますので，複数の種類のマニュアルを整備していくことが一般的です。ここでは，これから作成する海外危機管理マニュアルの位置付けとあるべき体系について，説明します。

海外危機管理体制の全体像と関連マニュアルの体系

　海外危機管理は，本社と海外拠点（地域統括拠点，各現地法人，駐在員事務所等）が協力・連携して取り組むべきものです。また，個々の駐在員等も，それぞれ平常時から自分の身は自分で守る「セルフディフェンス」を徹底するとともに，緊急時にはそれぞれが適切な対応をとってもらう必要があります（第1章 **1** 参照）。

　この観点から，海外危機管理に関するマニュアル類は，以下のとおり関係者の階層別に用意し，活動を展開する必要があります。

　これら階層別マニュアル類は，いきなりすべてを整備するのは難しいの

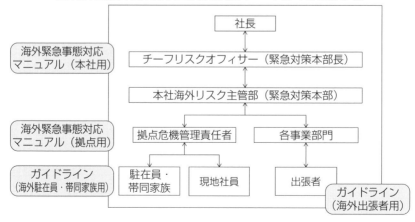

■ 海外危機管理体制の全体像と関連マニュアルの体系(例) ■

文書名	概要・目的
海外緊急事態対応マニュアル（本社用）	海外危機管理体制についての基本方針／理念等をもとに，本社における緊急事態対応を記載したもの
海外緊急事態対応マニュアル（拠点用）	海外において緊急事態が発生した際の海外拠点における対応をまとめたもの
海外安全対策ガイドライン（海外駐在員・帯同家族用）	海外駐在員及びその帯同家族が平時において何を心がけるか，予めどんな対策を講じておくかをまとめたもの
海外安全対策ガイドライン（海外出張者用）	海外出張者が平時において何を心がけるか，予めどんな対策を講じておくかをまとめたもの

で，順次整備していくことが必要です。整備に当たっては，まず，本社用のマニュアル，「海外緊急事態対応マニュアル（本社用）」[※]を作成し，会社としての基本方針や危機対応の基本的な流れを明確にし，その記載事項に基づいて，「拠点用マニュアル」，「駐在員用ガイドライン」，「出張者用ガイドライン」を整備していく，という手順で進めていく必要があります。これは「駐在員用ガイドライン」等を後回しにする趣旨ではなく，まずは会社としての危機対応の基本方針を明確に定め，それらをもとに駐在員，出張者に求められる対応を決めていく，という手順を踏むためです。

　本書では，「海外緊急事態対応マニュアル（本社用）」の作成を，詳しく解説します。

※「海外緊急事態対応マニュアル（本社用）」は，あくまで本社用海外危機管理マニュアルのタイトルの一例です。

2章

5 海外危機管理マニュアルにおける 重要な考え方を教えてください

　本社用海外危機管理マニュアルにおける重要な考え方として，以下の4つが挙げられます。

「危機管理は準備9割」

　海外危機管理は，「企業による，海外に渡航・滞在する駐在員・帯同家族・出張者の危機管理を含む安全対策」と定義しました。この「危機管理」の実践における重要な考え方が「準備9割」です。

　危機管理は，通常の業務以上に準備の重要性が高く，準備段階で成否が90％決まってしまう，つまり「準備9割」です。なぜなら，危機発生時には短時間に様々な，平常時には行わない判断を強いられ，危機が発生してから初めて考えても，自ずと限界があるからです。平常時にどこまで危機を予測し，準備しておくか，その積み重ねが危機発生時の対応の成否をほとんど決めてしまうのです。

平常時/緊急時体制の基本的な考え方

　海外危機管理体制においては，平常時と緊急時（危機発生時）で異なる体制が必要となります。

　まず，平常時に重要な活動は，①リスクのモニタリングと対応，②体制強化・改善のための教育・訓練等の企画・実施，③体制の定期的点検・是正，の3つです。平常時においては，これらを実施する責任者と担当部門を明確化しておく必要があります。

　次に緊急時ですが，発生した事象の影響範囲や深刻さ，重大さによって異なりますが，基本的には意思決定に必要な役職者・関係者を集めた体制（緊急対策本部）を用意する必要があります。

緊急対策本部と緊急時体制のレベル分け

　まずは，（起きる可能性が高いかどうかは一旦置いて）想定される最も重大な事態が発生した場合，全社を挙げて対応する場合の「緊急対策本部」の体制を考える必要があります。基本的に社長（または担当役員）をトップとし，関係部署（総務・人事・海外事業企画・広報等）の責任者が一堂に会し，迅速な意思決定が行える体制を準備します。加えて，海外での危機発生では，海外拠点責任者をトップとする「現地対策本部」を現地に設置して，本社「緊急対策本部」と連携しつつ対応することを想定します。

■「3段階」の場合の緊急時体制とレベル分けの例■

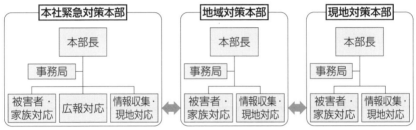

レベル3	本社，地域統括拠点，現地拠点それぞれに対策本部を設置し，グループ全社を挙げて対応
レベル2	地域統括拠点，現地拠点に対策本部を設置して対応 本社は対策本部を設置せず，平常時の体制で地域・現地を支援
レベル1	現地拠点にのみ対策本部を設置して対応 本社，地域統括拠点は対策本部を設置せず，平常時の体制で現地を支援

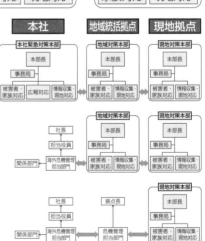

ただし，すべての事象に本社「緊急対策本部」を設置して対応するのは現実的でないと言えます。事象の規模，深刻さに応じて，段階（レベル）を分け，対応体制を使い分けることも必要となります。たとえば「アジア」「欧州・中東」「米州（北米・中南米)」にそれぞれ「地域統括拠点」を置く大企業の場合，「①全社レベル，②地域レベル，③拠点レベル」の３段階，「地域統括拠点」がないなどの場合，「①全社レベル，②拠点レベル」の２段階，などのレベル分けが考えられます。本書で示す「作成例」では，「2段階」のレベル分けを前提としますので，ここでは「3段階」の場合のレベル分けの例を参考までに図示しておきます（27ページ参照）。

危機管理マニュアルはあくまでガイドラインである

マニュアル（manual）という言葉の本来の意味は「取扱説明書」です。たとえば家電製品の取扱説明書は，「最初に電源プラグを電源につなぐ」から始まって記載の手順通りに操作を行えば製品を使えるようになっています。しかし危機管理においては，このような考え方でマニュアルを作成しても効果的なものにはなりません。

なぜなら，危機管理が対象とする危機事象は，決して予想した通りには起きてくれないからです。あまり詳細な手順を示しても，実際には想定したものとは異なる状況が発生するので，往々にして意味をなしません。この観点から危機管理マニュアルは，取扱説明書とは大きく構成が異なり，主に２つの目的で作成します。

１．危機に際して対応や判断を行うための，基本方針や判断基準を示す。

２．対応を行うための標準的なガイドラインを示す。

まずは「1」で，基本方針と判断基準を示し，想定外の状況が発生しても「どうして良いか見当がつかない」ということにならないようにします。

加えて「2」において，様々な危機事象にある程度共通する対応，あらか

じめ決めておける内容を「ガイドライン」として示します。あくまでガイドラインですので，すべてこの通りにしなくてはいけない，というものではなく，実際の状況に応じて臨機応変に判断を行い，調整を行うことが前提となります。実際に危機が発生した際には，このガイドラインを，判断の際の留意点や対応事項に抜け・漏れがないかを確認する「チェックリスト」として活用することができます。

海外危機管理マニュアル作成の流れを教えてください

標準的なマニュアル作成の流れを以下に示します。

関係する社内規程・マニュアル類の確認…（1）

海外危機管理マニュアルを作成するにあたって，まず，関係する社内規程・マニュアル類としてどのようなものがあるかをよく確認する必要があります。

〈確認すべき社内規程・マニュアル類〉

　a．リスクマネジメントに関する規程・マニュアル類

　　　（例：リスクマネジメント規程，リスクマネジメントマニュアル等）

　b．危機管理に関する規程・マニュアル類

　　　（例：危機管理規程，危機管理マニュアル）

　c．緊急時の連絡ルート

　d．海外現地緊急連絡ルート

　e．海外危機管理に関する資料

これらの既存資料があるのであれば，これらを今後も活用するのか，それともこれを機にそれらを廃止して新たなものを作るのか，などを決める必要があります。今後も活用する場合は，これから作成するマニュアルがこれらの資料と矛盾しないようにする必要があります。

さらにリスクマネジメント，危機管理に関する規程・マニュアル類があるのであれば，それらと今回作成する海外危機管理マニュアルとをどのように位置付けるかも決める必要があります。たとえば危機管理全般に関す

る規程があり，「個別のリスク・危機への対応については，必要に応じて別途，個別マニュアルを作成する」等の記載があるのであれば，作成する海外危機管理マニュアルを，当該「危機管理規程」の下位に位置付ける「個別マニュアル」とみなすことができます。

決定事項の検討・協議・決定…（2）

海外危機管理マニュアル作成にあたり，社内で決定すべき事項について，検討・協議し，決定します。詳細は本章 **7 ～ 10** を参照ください。

マニュアル原稿の作成…（3）

上記で決定した事項をもとに，海外危機管理マニュアルの原稿を順次作成していきます。本書では第3章に「作成例」を入れ，決定事項を作成例の該当箇所に挿入し，適宜調整を行うことで，原稿が完成できるようになっています。

最終確認・社内リリース…（4）

原稿が完成したら，リリース前に最終確認を行います。その際のポイントは本章 **13** で述べます。

各社の社内ルールにより，関係者の同意・了承をとり，最終責任者の承認を得て，社内にリリースします。ペーパーレスを推進されている会社でも，緊急時の様々なケース（自宅での第一報受領や電力・システム等の停止等）を想定し，危機管理関連マニュアルについては，紙で配布する例が多くみられます。

上記の流れで順調に進められれば，およそ3～4ヶ月で社内リリースまで完了できると思われます。

2章

7 海外危機管理マニュアルの作成において，まず検討し，決めるべきことを教えてください①

本章**6**に記載のとおり，「関係する社内規程・マニュアル類の確認」ができましたら，次のステップ「決定事項の検討・協議・決定」に入ります。繰り返しとなりますが，海外危機管理マニュアル作成において，この部分が非常に重要なステップです。

海外危機管理マニュアルを作成するにあたり，まず決めるべきことは，以下8項目です。以降，順次説明していきます。

> 海外危機管理の目的・基本方針【1】
> マニュアルの適用範囲【2】
> 海外危機管理の最高責任者，海外危機管理担当部門【3】
> 緊急事態の定義とレベル区分【4】
> 緊急事態発生時の対応体制（本社，現地）【5】
> 緊急対策本部の役割分担【6】
> 緊急対策本部の設置基準，設置方法【7】
> 緊急事態発生時の本社への連絡ルート【8】

海外危機管理の目的・基本方針【1】

危機対応を含む，海外危機管理全体の判断の拠り所として，海外危機管理の目的と基本方針をマニュアルの冒頭に明記します。第1章の**4**で述べたとおり，海外危機管理の目的は「駐在員・帯同家族・出張者の生命・身体・財産を様々なリスクから守ること」とするのが一般的です。

（例）

１．海外危機管理の目的

　本マニュアルは，当社及びグループ会社（以下，当社グループ）における海外危機管理について規定する。

　当社グループにおける海外危機管理の目的は，海外にて発生又は発生が予想される緊急事態に際し，当社グループの海外駐在員及び帯同家族・出張者（以下，駐在員等）の生命・身体・財産の安全確保及び被害を最小限に止めることを目的とする。

３．海外危機管理体制の構築・運用方針

　当社グループにおける海外危機管理体制の構築・運用方針は，以下のとおりとする。

(1) 体制の構築にあたっては，海外におけるリスクとそれによる当社グループ被害を想定し，これを踏まえる。
(2) 本社及び海外拠点での平常時及び緊急事態における体制を整備し，海外危機管理関連文書を制定する。
(3) 体制の構築後は，駐在員等に海外危機管理体制を周知するなど，実効性を確保するために必要な措置を講じる。
(4) 上記の取り組みが適切に実行されていることを検証し，継続的に改善を図る。

（「**B.** 海外危機管理マニュアルの作成において，まず検討し，決めるべきことを教えてください②」に続く）

海外危機管理マニュアルの作成において,まず検討し,決めるべきことを教えてください②

マニュアルの適用範囲【2】

ここでは,海外危機管理の対象範囲,対象事象を決定します。海外危機とは何を指すかを明確にするため,具体的な危機事象を示します。

(例)

> **2．本マニュアルの適用範囲**
>
> 当社グループに属する各社並びにその海外全拠点を対象とする。対象となる危機事象は,図表Ⅰ-1に示すとおりとする。
>
> 【図表Ⅰ-1：本マニュアルが対象とする危機事象】
>
> | 対象危機事象 | 災害・事故 | 政治・社会 |
> |---|---|---|
> | 具体的事例 | ・自然災害
・火災・爆発
・産業事故・労災事故
・交通事故 | ・一般犯罪
・テロ
・誘拐・拉致・拘束
・恐喝・脅迫・暴力等
・デモ・暴動
・感染症
・戦争・紛争・内乱 |

海外危機管理の最高責任者,海外危機管理担当部門【3】

海外危機管理に関するあらゆる事項についての最高責任者を決めます。

また海外危機管理担当部門を決めます。海外危機管理担当部門とは,平常時には海外危機管理関連の様々な業務を行い,危機発生時には緊急対応組織の事務局として,各部門の対応をとりまとめる部門のことです。

海外駐在・出張の可否基準の制定・判断は,海外危機管理担当部門の平常業務とする場合と,人事部門等が担当する場合があります。

（例）

> 1．最高責任者
>
> 　海外危機管理体制における最高責任者は，社長とする。社長は，当社グループの海外危機対策，緊急時対応等，海外危機管理に関する全ての事項についての最高責任者となる。
>
> 2．担当部門
>
> 　海外危機管理担当部門は，総務部とする。同部は，平常時は海外危機関連情報の収集等に務め，緊急事態発生時は本社緊急対策本部（以下，対策本部）の事務局として，他の関係部門を取りまとめる役割を負う。

緊急事態の定義とレベル区分【4】

　緊急事態が発生した際に，危機レベルに応じて対応体制を確立し，対応にあたります。会社の規模，人員体制によって2～3段階で設定することをおすすめします。以下は2段階の例ですが，地域統括拠点を各地域に置いている場合は，「現地法人－地域統括－全社」という3段階が考えられます（第2章 **5** 参照）。

（例）2段階の場合

［図表Ⅳ-1：緊急事態定義・レベル区分］

有事レベル（迷った場合は，レベル1とする）	【レベル1】全社レベル	【レベル2】海外拠点レベル
	・全社的に経営上の影響が大きく，マスコミや顧客対応への特別な対応が必要な事象 ・社長の経営判断が必要	・原則緊急事態発生場所において対応する事象
対応体制	本社にて対策本部立ち上げにより対応	現地が中心で対応，本社がサポート
レベル判断者	社長	総務部長
事象 災害・事故	〈大規模自然災害，大規模事故等により，長期の拠点停止を伴う事象〉 ・大規模地震・津波，洪水等の広域災害 ・大規模な産業事故等 例： 2004年 スマトラ沖大地震（津波） 2011年 タイ大規模洪水 2015年 中国天津爆発事故	〈重篤でない火災事故，交通事故等，一定規模の損害を伴う一過性の被災〉 ・軽微な地震・津波，噴火，台風，大雨等の災害，落雷，停電 ・航空機・列車・自動車事故（自社被害が軽微もしくは被害なし） ・駐在員等の軽微な疾病・ケガ
事象 政治・社会	〈駐在員等の生命・身体に危害が及ぶことが予想される事象〉 ・戦争・紛争・内乱，クーデター等政治的混乱，大規模テロ，デモ，暴動 ・誘拐・拉致・拘束，等 ・感染症の蔓延（パンデミック） 例： 2012年 中国における反日デモ 2009年 新型インフルエンザの流行	〈一般犯罪〉 ・強盗，盗難，スリ，ひったくり，詐欺，空き巣等 〈エスカレートすれば危害を被る可能性のある事象〉 ・政治的混乱，デモ・暴動等の初期段階 ・会社または幹部への脅迫，襲撃（脅威・被害が深刻でない場合）

（「**9.** 海外危機管理マニュアルの作成において，まず検討し，決めるべきことを教えてください③」に続く）

9 海外危機管理マニュアルの作成において，まず検討し，決めるべきことを教えてください③

緊急事態発生時の対応体制（本社，現地）【5】

緊急事態発生時の本社と現地の対応体制を定めます。本社の対策本部と現地対策本部が連携して，情報収集・安否確認・救援体制の確立等を行います。

（例）

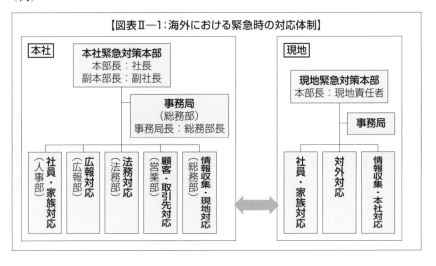

【図表Ⅱ—1：海外における緊急時の対応体制】

緊急対策本部の役割分担【6】

緊急対応組織である，緊急対策本部の役割分担をあらかじめ決定しておく必要があります。

緊急時にどの部門がどの役割を担うかについては，各社の実情に合わせて検討する必要があります。

（例）

【図表Ⅳ-5：対策本部の役割】

組織		担当	主な任務
対策本部長		社長 第一代行：副社長 第二代行：	・経営に関わる重要な事項あるいは全社の連携・支援に関する意思決定 ・対策本部構成員の報告を受け，判断・指示
対策副本部長		副社長	・対策本部長補佐 ・情報を集約し，対策本部長へ報告 ・複数の部門が活動を行う場合，各部門間の調整
事務局長		総務部長 第一代行：総務部次長 第二代行：	・事務局の活動全般を指揮する。
事務局		総務部	・対策本部の設営及び運用に必要な庶務的事項 ・対策本部長の決定・判断の各部門への伝達 ・各部門間の連絡
社員・家族対応	安否確認	人事部	・駐在員等（駐在員・帯同家族・出張者）の安否確認及び安全確保 ・負傷者等の把握，医療手配
	家族対応・応援等		・残留家族への対応 ・医薬品の調達・海外拠点への提供 ・本部要員の勤務体制検討及び指示 ・現地への緊急支援要員派遣検討・実施 ・当該国への渡航制限，駐在員・帯同家族・出張者の退避検討・指示
情報収集・現地対応	情報収集対応	総務部	・現地情報，外部環境等に関する情報の収集 ・通信手段の確保
	海外拠点との連携		・現地従業員等の安否確認状況，被害状況確認 ・海外拠点との情報共有 ・本部方針に基づく海外拠点への指示・依頼 ・海外拠点支援に対する現地側要望確認・対応
	調達・応援		・食料，飲料水の調達，輸送，業者の確保
	記録		・危機事象の状況等，各種資料の収集，記録 ・情報を集約し，対策本部長へ報告 ・記録，報告書の作成
広報対応		広報部	・対外広報 ・報道機関等からの問合せ対応 ・各関係方面への連絡
法務対応		法務部	・法的問題の対応 ・法律事務所との連絡/相談 ・保険会社等との連絡/相談
顧客・取引先対応		営業部	・関係・影響のある顧客・取引先対応

（「**10.** 海外危機管理マニュアルの作成において，まず検討し，決めるべきことを教えてください④」に続く）

海外危機管理マニュアルの作成において，まず検討し，決めるべきことを教えてください④

対策本部の設置基準，設置方法【7】

緊急対策本部の設置の基準や具体的な設置方法について決定します。

(例)

> (1) 対策本部の設置方法
> ア．社長権限でレベル1が確定した場合，社長は，海外危機管理担当部門（総務部）に対し，対策本部設置の指示を行い，自ら対策本部長となる。
> イ．対策本部の設置場所は，(第一順位)本社○○会議室又は(第二順位)○○事業所○○会議室とする。
> ウ．海外危機管理担当部門（総務部）は，社長の指示により対策本部要員を招集するとともに，対策本部を設置する。対策本部においては，海外危機管理担当部門（総務部）が事務局となる。
> エ．事務局は，対策本部において，情報収集，整理，報告，指示，記録等の活動を円滑に行えるように所要の資機材を設置する。
> オ．事務局は，対策本部が設置完了次第，対策本部長へ報告する。
> カ．対策本部の設置手順は，別に定める。

緊急事態発生時の本社への連絡ルート【8】

海外拠点で緊急事態が発生した場合には，緊急に本社の判断を仰ぐ必要が生じます。

「わかりやすさ」「確実性」「スピード」が重要なポイントです。

海外各拠点から連絡を受ける本社窓口は，海外拠点からみた，わかりやすさの観点から，原則として1ヶ所とし，休日や就業時間外でも連絡を受け付け，即時対応できる体制を考える必要があります。

（例）

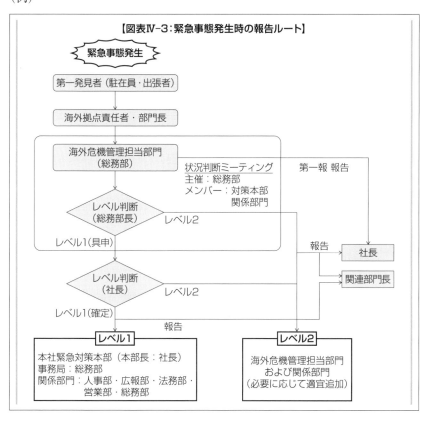

2章
11 > 海外危機管理マニュアルの構成例を教えてください

　本章 **10** までで「決定事項の検討・協議・決定」が完了しました。以降，いよいよ，決定事項をもとに「マニュアル原稿の作成」に入ります。

　マニュアル原稿の作成に入るにあたり，まずは，マニュアル全体の目次の例を示します。

　（例）

目　次

Ⅰ．海外危機管理体制の構築・運用方針
　1．海外危機管理の目的 ……………………………………………… 2
　2．本マニュアルの適用範囲 ………………………………………… 2
　3．海外危機管理体制の構築・運用方針 …………………………… 2
　4．海外危機管理関連文書の概要及び対象者 ……………………… 3
　5．制定及び改廃 ……………………………………………………… 3
Ⅱ．海外危機管理体制 ……………………………………………………… 4
　1．最高責任者 ………………………………………………………… 4
　2．担当部門 …………………………………………………………… 4
　3．緊急時の対応体制 ………………………………………………… 4
Ⅲ．平常時における海外危機管理 ……………………………………… 5
　1．本社の平常時における業務 ……………………………………… 5
　2．駐在員・出張者の安全管理 ……………………………………… 5
　3．平常時の情報収集業務 …………………………………………… 6
Ⅳ．緊急事態発生時における海外危機管理 …………………………… 8
　1．緊急事態の定義・レベル区分 …………………………………… 8
　2．緊急事態発生時の第一報及び初動対応 ………………………… 9
　3．第一報後の本社対応 ……………………………………………… 10
　4．緊急事態発生時の報告ルート …………………………………… 11
　5．レベル1と判断された場合の対応 ……………………………… 12
　6．レベル2と判断された場合の対応 ……………………………… 14
　7．本社から海外拠点・現地への緊急支援要員の派遣 ………… 14
　8．再発防止 …………………………………………………………… 14
Ⅴ．緊急事態別対応方法 ………………………………………………… 15
　1．交通事故への対処 ………………………………………………… 15
　2．一般犯罪への対処 ………………………………………………… 19

3. 地震・津波への対処	………………………………	20
4. 風水害への対処	…………………………………	21
5. 病気・感染症への対処	……………………………	22
6. 誘拐・拉致への対処	………………………………	24
7. デモ・暴動への対処	………………………………	29

Ⅵ. 緊急退避要領 …………………………………………… 33
　1. 緊急退避が想定される事態 ………………………… 33
　2. 退避における緊急事態の段階別・指示内容 ……… 33
　3. 退避の交通手段 ……………………………………… 34
　4. 退避が困難な場合の住居・ホテルでの籠城 ……… 35
　5. 緊急退避時の留意事項 ……………………………… 35

　別紙：様式集

海外危機管理マニュアルの作成例は第3章に掲載しています。
以降は，この作成例の活用法を示します。

12 作成例を使って自社用の海外危機管理マニュアルを作成する方法を教えてください

第3章の作成例を使って自社用のマニュアルを作成する際の手順を示します。

決定事項の挿入

本章 **7～10** で決定した「8項目」をそれぞれ作成例に挿入します。

（8項目）		（「作成例」の該当箇所）
(1) 目的・基本方針	⇒	p.2　Ⅰ.1., 3.
(2) 適用範囲	⇒	p.2　Ⅰ.2.
(3) 最高責任者，海外危機管理担当部門	⇒	p.4　Ⅱ.1., 2.
(4) 定義とレベル区分	⇒	p.9　Ⅳ.1.
(5) 対応体制（本社，現地）	⇒	p.4　Ⅱ.3.
(6) 役割分担	⇒	p.13～p.14　Ⅳ.5.(2)
(7) 設置基準，設置方法	⇒	p.12, p.14　Ⅳ.5.(1)(3)
(8) 本社への連絡ルート	⇒	p.11　Ⅳ.4.

決定事項に合わせた記述の修正

上記で挿入した「8項目」の内容に合わせ，前後の記述を修正・調整します。

部署・役職名の修正，追加決定事項の決定

作成例では，架空の会社（〇〇株式会社）をモデルに，仮の部署・役職名を入れています（例：総務部）。これらは自社の部署・役職名にすべて修正する必要があります。

（作成例に登場する部署・役職名）
◆総務部，人事部，広報部，法務部，営業部
◆代表取締役社長，副社長，総務部長，総務部次長

さらに詳細にみていくと，追加で決定すべき事項がいくつかあります。

（例）
　p.3　Ⅰ.4.　海外危機管理関連文書の概要及び対象者
　　　　5.　制定および改廃　……

　これらについても決定し，決定結果を記載する必要があります。またその他の記載事項について，自社の体制や実態に合わない点があれば，適宜修正します。

海外危機管理マニュアル作成の，仕上げのチェックポイントを教えてください

　マニュアルが完成したら，最後の仕上げとして，以下の点をもう一度点検することをおすすめします。

　（1）用語のブレがないか
　（2）緊急時の対応について具体的な記述となっているか
　（3）想定以外の状況にも応用が利く内容となっているか

用語のブレがないか…（1）

　重要な用語が統一されていないと，それだけでわかりにくいマニュアルになってしまいます。とくに普段あまり使わない用語などは表現がブレてしまいやすいと言えます。

（例）
- ◆駐在員等，駐在員・帯同家族・出張者
- ◆現地従業員
- ◆海外危機管理
- ◆緊急事態　　　　　等

緊急時の対応について具体的な記述となっているか…（2）

　前述しましたが，緊急時の対応について十分具体的でない記述になってしまうことがよくあります。緊急時の対応に関する記述箇所を，改めて読み返してみて，「誰が」「いつ」「何を」等が具体的に記載されているかを確認してみてください。

想定以外の状況にも応用が利く内容となっているか…（3）

　マニュアルに記載されている緊急時対応手順は，あくまで，想定シナリオに基づく「対応例」です。危機はマニュアルの想定どおりには発生しないので，実際にはマニュアルの記載を参考に，状況に応じて「応用問題を解く」ように，関係者が自ら考えて対応していくことが求められます。この観点で，想定以外の状況が発生したら，どう対応するか，その際にこのマニュアルが役に立つかなども確認すると良いでしょう。

　以上が問題ないことを確認できれば，「立派な本社用海外危機管理マニュアルが完成した」と言えます。本マニュアルのリリースに向けて，社内ルールに基づいて，関係者・役職者の同意・了承をとり，最終責任者の承認をとり，社内にリリースを行いましょう。

　海外危機管理マニュアルがリリースされることで，海外危機管理体制は重要な一歩を踏み出したと言えます。ここからさらに，海外危機管理体制構築のための様々な活動が待っていますが，まずは大きな目標を達成したと言えます。まずは，お疲れ様でした！

第3章

海外危機管理マニュアルの作成例

海外危機管理マニュアルの作成例について

　本章では，章全体を使って，海外危機管理マニュアルの実際の作成例を紹介します。

　この作成例は，第2章の説明に準拠しています。まず第2章**4**で説明した体系を前提とし，同節での説明の「海外緊急事態対応マニュアル（本社用）」に相当するマニュアルとなっています。第2章**7**〜**10**で説明した「まず検討し，決めるべきこと」に基づいて，決定事項を挿入する箇所を黒枠で明示しています。

　第2章よく読んだうえで，決定事項を挿入し，必要な修正を加えれば，そのまま自社の正式なマニュアルとして使うことができます。是非この作成例を活用して，自社独自の海外危機管理マニュアルを完成させてください。

【読者限定】マニュアルの電子ファイルダウンロード

下記URLまたはQRコードから，本章の海外危機管理マニュアル作成例のWord形式ファイル（編集可能）をダウンロードいただけます。是非ご活用ください。

マニュアル本文
http://www.tokiorisk.co.jp/risk_info/up_file/kaigaikikikanri01.docx
パスワード：Crisis1625

マニュアル別紙
http://www.tokiorisk.co.jp/risk_info/up_file/kaigaikikikanri02.docx
パスワード：Management1626

（QRコード）

　　マニュアル本文　　　　　　マニュアル別紙

(作成例)　　　　　　　　　　　　　　　　　社外秘

海外緊急事態対応マニュアル
（本社用）

○○株式会社

〈履歴〉

制定・改訂年月日	改訂内容
2018/ ◯◯ / ◯◯	新規制定。

目 次

Ⅰ. 海外危機管理体制の構築・運用方針
　1. 海外危機管理の目的 ······································· 2
　2. 本マニュアルの適用範囲 ··································· 2
　3. 海外危機管理体制の構築・運用方針 ························· 2
　4. 海外危機管理関連文書の概要及び対象者 ····················· 3
　5. 制定及び改廃 ··· 3
Ⅱ. 海外危機管理体制 ··· 4
　1. 最高責任者 ··· 4
　2. 担当部門 ··· 4
　3. 緊急時の対応体制 ··· 4
Ⅲ. 平常時における海外危機管理 ································· 5
　1. 本社の平常時における業務 ································· 5
　2. 駐在員・出張者の安全管理 ································· 5
　3. 平常時の情報収集業務 ····································· 6
Ⅳ. 緊急事態発生時における海外危機管理 ························· 8
　1. 緊急事態の定義・レベル区分 ······························· 8
　2. 緊急事態発生時の第一報及び初動対応 ······················· 9
　3. 第一報後の本社対応 ······································ 10
　4. 緊急事態発生時の報告ルート ······························ 11
　5. レベル1と判断された場合の対応 ·························· 12
　6. レベル2と判断された場合の対応 ·························· 14
　7. 本社から海外拠点・現地への緊急支援要員の派遣 ············ 14
　8. 再発防止 ·· 14
Ⅴ. 緊急事態別対応方法 ·· 15
　1. 交通事故への対処 ·· 15
　2. 一般犯罪への対処 ·· 19
　3. 地震・津波への対処 ······································ 20
　4. 風水害への対処 ·· 21
　5. 病気・感染症への対処 ···································· 22
　6. 誘拐・拉致への対処 ······································ 24
　7. デモ・暴動への対処 ······································ 29
Ⅵ. 緊急退避要領 ·· 33
　1. 緊急退避が想定される事態 ································ 33
　2. 退避における緊急事態の段階別・指示内容 ·················· 33
　3. 退避の交通手段 ·· 34
　4. 退避が困難な場合の住居・ホテルでの籠城 ·················· 35
　5. 緊急退避時の留意事項 ···································· 35

　別紙：様式集

Ⅰ．海外危機管理体制の構築・運用方針

(1)

1．海外危機管理の目的

　本マニュアルは，当社及びグループ会社（以下，当社グループ）における海外危機管理について規定する。
　当社グループにおける海外危機管理の目的は，海外にて発生又は発生が予想される緊急事態に際し，当社グループの海外駐在員及び帯同家族・出張者（以下，駐在員等）の生命・身体・財産の安全確保及び被害を最小限に止めることを目的とする。

(2)

2．本マニュアルの適用範囲

　当社グループに属する各社並びにその海外全拠点を対象とする。対象となる危機事象は，図表Ⅰ-1に示すとおりとする。

【図表Ⅰ-1：本マニュアルが対象とする危機事象】

対象危機事象	災害・事故	政治・社会
具体的事例	・自然災害 ・火災・爆発 ・産業事故・労災事故 ・交通事故	・一般犯罪 ・テロ ・誘拐・拉致・拘束 ・恐喝・脅迫・暴力等 ・デモ・暴動 ・感染症 ・戦争・紛争・内乱

(1)

3．海外危機管理体制の構築・運用方針

　当社グループにおける海外危機管理体制の構築・運用方針は，以下のとおりとする。

(1) 体制の構築にあたっては，海外におけるリスクとそれによる当社グループ被害を想定し，これを踏まえる。
(2) 本社及び海外拠点での平常時及び緊急事態における体制を整備し，海外危機管理関連文書を制定する。
(3) 体制の構築後は，駐在員等に海外危機管理体制を周知するなど，実効性を確保するために必要な措置を講じる。
(4) 上記の取り組みが適切に実行されていることを検証し，継続的に改善を図る。

４．海外危機管理関連文書の概要及び対象者

海外危機管理関連文書の概要及び対象者は，図表Ⅰ-2 に示すとおりとする。

【図表Ⅰ-2：海外危機管理関連文書の概要及び対象者】

文書名	概要	対象者					
		本社			海外拠点		
		役員	総務部及び対策本部要員	出張者	拠点責任者	駐在員	左記帯同家族
海外緊急事態対応マニュアル（本社用）	グループ共通の海外危機管理に対する基本的な考え方，海外危機管理・対応体制，有事における対応手順等の詳細を記載したマニュアル。 主に当該マニュアルを使用するのは役員・総務部及び対策本部要員とするが，関係する対象者としては右記のとおり。	○	○	○	○	○	○
海外緊急事態対応マニュアル（拠点用）	「海外緊急事態対応マニュアル（本社用）」に基づき，海外拠点での危機管理・対応体制，有事における対応手順等の詳細を記載したマニュアル（各海外拠点は，拠点の体制を踏まえて修正し維持，管理する。） 主に当該マニュアルを使用するのは，海外拠点責任者と駐在員とするが，関係する対象者としては右記のとおり。			○	○	○	○

５．制定及び改廃

本マニュアルは 201*年**月**日 より施行する。総務部 の所管とし，改廃は，代表取締役社長（以下，社長） の決裁により行う。

Ⅱ．海外危機管理体制

1．最高責任者

海外危機管理体制における最高責任者は、社長とする。社長は、当社グループの海外危機対策、緊急時対応等、海外危機管理に関する全ての事項についての最高責任者となる。

2．担当部門

海外危機管理担当部門は、総務部とする。同部は、平常時は海外危機関連情報の収集等に努め、緊急事態発生時は本社緊急対策本部（以下、対策本部）の事務局として、他の関係部門を取りまとめる役割を負う。

3．緊急時の対応体制

当社グループの海外における緊急時の対応体制は、図表Ⅱ-1のとおりとする。

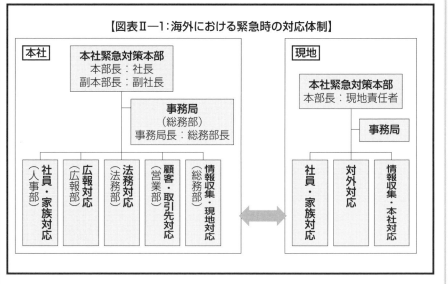

【図表Ⅱ—1：海外における緊急時の対応体制】

Ⅲ．平常時における海外危機管理

1．本社の平常時における業務

海外危機管理担当部門（総務部）の平常時における基本業務は以下のとおりとする。
(1) 海外危機管理・海外安全関連規定の作成，改訂及びその周知
(2) 緊急連絡網・連絡手段の整備
(3) 海外危機管理全般に関する研修・訓練計画の立案と実施
(4) 各部門及び関係会社，並びに海外拠点における海外危機管理体制の確認と監査計画の立案，実施
(5) 駐在・出張申請の受理・処理対応
(6) 駐在員とその帯同家族，出張者の人数，氏名の把握
(7) 海外におけるリスク情報の収集・モニタリングと，当社グループに属する各社並びにその海外拠点への情報提供
(8) 海外危機管理に関する外部有料情報，通信・連絡手段，アシスタンスサービス，システム等の購入・導入に関する立案・調整・実施
(9) 海外危機管理に関する海外拠点からの要望・依頼事項の窓口
(10) 日本政府関係機関，弁護士，専門コンサルティング会社等との契約と連携の窓口
(11) 海外危機管理に要する予算の管理
(12) その他，海外危機管理に関するあらゆる事項の立案と調整・実施

2．駐在員・出張者の安全管理

(1) 海外駐在・出張可否の判断基準

日本国内から海外への駐在の可否判断は，総務部を申請窓口とし，社長権限にて決定される。日本国内から海外への出張，海外拠点から他の海外拠点への出張の可否判断は，各部門長・海外拠点責任者から本社総務部長に申請し承認を得る。可否判断は原則として外務省が発出する「海外安全情報」に基づいてなされる。駐在員，出張者は駐在・出張中に連絡のつく電話番号を必ず総務部に報告する。

【図表Ⅲ-1：外務省「海外安全情報」に応じた具体的な方針】

外務省「海外安全情報」「危険情報」カテゴリー		対応方針
4	「レベル4：退避してください。渡航は止めてください。（退避勧告）」	・新規駐在・出張禁止 ・既存駐在員，出張者は速やかに退避
3	「レベル3：渡航は止めてください。（渡航中止勧告）」	・原則として新規駐在・出張禁止 ・既存駐在員，出張者は退避を検討
2	「レベル2：不要不急の渡航は止めてください。」	・新規駐在・出張は自粛方針 ・緊急度の高い案件は個別判断（社長権限） ・渡航する場合は，事前に情報収集を十分に行ったうえ，渡航中は安全対策を講じる

	外務省「海外安全情報」「危険情報」カテゴリー	対応方針
1	「レベル1：十分注意してください。」	渡航を推奨しないが，事前に情報収集を十分に行ったうえ，渡航中は安全対策を講じる前提で渡航を許可する

（2）駐在員・出張者の安全確認

　ア．駐在員の安全確認

　　海外危機管理担当部門（総務部）は，駐在国に対して外務省から「危険情報」が発出されている場合は，適宜海外拠点・駐在員との定期連絡を行い，注意を喚起し，自ら安全対策を強化するよう促す。

　イ．出張者の安全確認

　　出張者は，現地到着後及び帰国（国内空港到着）後，所属部門長に異常の有無を報告するものとし，拠点用件による拠点滞在中は，平日は当該拠点へ，拠点が休日の場合は当該拠点責任者へ，1日に1回程度，定期連絡するものとする。ただし，拠点用件以外の出張の場合は，現地滞在中，1日に1回程度，所属部門長に異常の有無を報告するものとする。（状況に応じて固定電話，携帯電話，E-mail 等の手段を活用する）

　ウ．在留届と「たびレジ」

　　駐在員および帯同家族は，新規赴任時に必ず，赴任先地域を管轄する在外公館に在留届を提出するものとする。（3ヶ月以上の在留者は，旅券法第16条により，在留届提出が義務付けられている）

　　また出張者（3ヶ月未満の滞在の場合）は，外務省が提供する「たびレジ」システムへの登録を必ず行うものとする。

　　在留届，または「たびレジ」登録を行うことで，在外公館から安否の確認，緊急連絡，救援活動，留守宅への連絡等が迅速に行えるようになる。

3．平常時の情報収集業務

　海外危機管理担当部門（総務部）は，海外拠点からの情報を基に注意喚起を行い，海外拠点からの状況把握に努める。

　図表Ⅲ-2，Ⅲ-3 に示す項目と情報源を参考に各拠点駐在員と連携して，大使館，外務省等から定期的に情報収集を行う。また，海外拠点から連絡があった場合は，その情報を基に各国の状況を確認する。

【図表Ⅲ-2：海外拠点に関する主な情報収集項目例】

大項目	小項目
一般情報	・現地人種構成，宗教構成，言語構成（及び英語の普及率） ・在留邦人数，進出日本企業数及び代表的進出企業 ・祭日・記念日（混雑，騒乱状態・テロが起こりやすい等）

6

大項目	小項目
政治状況	・政体（王政，立憲君主制，共和制等） ・代表的政党名（与党，野党，在野勢力，反体制勢力等） ・選挙動向，政権移行動向等 ・反政府勢力の有無とその規模，最近の動向 ・欧米諸国，中国・ロシア等との関係 ・日本との関係（ODA（政府開発援助）の有無とその度合），日本政府の対応 ・在外公館，日本政府機関（JETRO，JICA等）拠点の有無
社会・経済情勢	・極端な貧富の格差の有無 ・反日感情の有無 ・最近の社会・経済情勢（流入移民の増加，外国人排斥運動，失業率の増加，インフレーション等）
治安情勢	・現地で活動しているテロ組織と動向，当局の取締り・摘発状況 ・最近の邦人（及び外国人）の被害例 ・治安の悪い地域，時間帯 ・警察等の治安当局，消防・医療機関の能力，信頼性
当社を取り巻く環境	・当社を取り巻く環境（当社の現地社会における存在感等） ・当社に対する現地社会の受け止め方（好感度等） ・当社における最近現地で発生したトラブル（労働争議，環境問題等）
現地の法律・文化・習慣	・撮影禁止区域，撮影禁止対象 ・飲酒禁止，禁煙区域 ・刑罰の軽重と特に刑罰が重い犯罪 ・宗教，文化，慣習におけるタブー・禁止行為

【図表Ⅲ-3：主な情報収集源】

収集先		URL・電話番号 （2018年4月11日現在）
外務省	海外安全ホームページ	http://www.anzen.mofa.go.jp/
	領事局	TEL：（代表）03-3580-3311 ※緊急時には夜間でも受付可能
	政策課 （海外旅行登録「たびレジ」関係）	（内線）2333
	海外邦人安全課 （テロ・誘拐関係以外）	（内線）2851
	邦人テロ対策室 （テロ・誘拐関係）	（内線）3047
	領事サービスセンター（海外安全相談班）（国別安全情報等）	（内線）2902，2903
日本貿易振興機構（JETRO）	国・地域別情報	http://www.jetro.go.jp/world/
	アジア経済研究所	http://www.ide.go.jp/Japanese/

第3章
作成例

収集先	URL・電話番号 （2018年4月11日現在）
海外職業訓練協会（OVTA） （各国・地域情報（労働・人材開発関連情報））	http://www.ovta.or.jp/info/index.html
厚生労働省検疫所（FORTH） （海外渡航者のための感染症情報）	http://www.forth.go.jp/

　駐在員とその帯同家族，出張者の安全を脅かす脅威や拠点の危機が予見される事態では，海外危機管理担当部門（総務部）は，後述（図表Ⅳ-1）のレベル判断を待たずして次のような対応策を海外拠点に指示・提言する。

　主な指示・提言例：

（1）注意喚起（海外拠点施設のセキュリティ強化等）

（2）特定国・地域への渡航禁止

（3）特定国系施設への接近禁止

（4）特定航空会社・特定国系航空会社使用禁止

（5）特定国系ホテルの使用禁止　　等

Ⅳ．緊急事態発生時における海外危機管理

1．緊急事態の定義・レベル区分

　緊急事態とは，海外において本マニュアル図表Ⅰ-1に示す危機事象が発生し，当社グループの駐在員等の生命・身体に被害が生じる事態が発生，又は発生が予想される状況を指すものとする。

　緊急事態のレベルを，事態対応の体制により，図表Ⅳ-1のとおり2つの区分とする。

（1）レベル1

　　駐在員等の事故等による死亡・重傷者の発生，駐在・出張地域での大規模なデモ・暴動による治安の悪化，大規模災害，パンデミックの可能性のある感染症の発生，駐在員等の誘拐等，生命の危険，事業や社会的影響が重大な緊急事態の発生から，対策本部を設置し，社長を最高責任者とする全社体制で対応する緊急事態である。

（2）レベル2

　　駐在員等の生命に関わらない一般犯罪，重篤でない災害，海外拠点の業務停止・閉鎖に直接繋がらない事象の発生等，本社対策本部設置までに至らない緊急事態である。発生場所の海外拠点が中心となって対応し，本社側では海外危機管理担当部門（総務部）及び必要に応じて関係部門がサポートする。

(4)

【図表Ⅳ-1：緊急事態定義・レベル区分】

有事レベル（迷った場合は，レベル1とする）		【レベル1】全社レベル	【レベル2】海外拠点レベル
		・全社的に経営上の影響が大きく，マスコミや顧客対応への特別な対応が必要な事象 ・社長の経営判断が必要	・原則緊急事態発生場所において対応する事象
対応体制		本社にて対策本部立ち上げにより対応	現地が中心で対応，本社がサポート
レベル判断者		社長	総務部長
事象	災害・事故	〈大規模自然災害，大規模事故等により，長期の拠点停止を伴う事象〉 ・大規模地震・津波・洪水等の広域災害 ・大規模な産業事故等	〈重篤でない火災事故，交通事故等，一定規模の損害を伴う一過性の被災〉 ・軽微な地震・津波・噴火，台風・大雨等の災害，落雷，停電 ・航空機・列車・自動車事故（自社被害が軽微もしくは被害なし） ・駐在員等の軽微な疾病・ケガ
		例： 2004年　スマトラ沖大地震 　　　　　　（津波） 2011年　タイ大規模洪水 2015年　中国天津爆発事故	
	政治・社会	〈駐在員等の生命・身体に危害が及ぶことが予想される事象〉 ・戦争・紛争・内乱，クーデター等政治的混乱，大規模テロ，デモ・暴動 ・誘拐・拉致・拘束，等 ・感染症の蔓延（パンデミック）	〈一般犯罪〉 ・強盗，盗難，スリ，ひったくり，詐欺，空き巣等 〈エスカレートすれば危害を被る可能性のある事象〉 ・政治的混乱，デモ・暴動等の初期段階 ・会社または幹部への脅迫，襲撃（脅威・被害が深刻でない場合）
		例： 2012年　中国における反日デモ 2009年　新型インフルエンザの流行	

第3章
作成例

2．緊急事態発生時の第一報及び初動対応

　緊急事態の発生もしくはその予測がされる場合の初動対応として，海外拠点は，以下の手順に従い，実務を行うこととする。

　(1) 海外拠点責任者は，別紙1「緊急事態第一報シート」を用い電話等により本社海外危機管理担当部門（総務部）に第一報を報告し，その後速やかに別紙2「緊急事態報告シート」を同部門に送付する。なお，事態がまだ緊急度の低い状況であっても，同部門と情報交換を行う。また，発生した事態に対する本社と海外拠点の認識

9

の違い等により，海外拠点から報告がない場合には，本社海外危機管理担当部門（総務部）は海外拠点に連絡を取り，情報を収集するなどして，認識の共有を図るものとする。本社の報告・送付先は，別紙3「海外緊急事態本社連絡窓口」，各海外拠点の緊急連絡先は，別紙4「海外拠点緊急連絡先一覧」のとおり。

(2) 緊急事態に関わる駐在員等の安否確認及び安全確保を行う。

(3) 第一報の時点で把握し切れない情報に関しては，上記(1)，(2)実施のうえで，海外拠点責任者が継続して確認する。

(4) 海外拠点は本社のサポートのもと，可能な限り図表Ⅳ-2の事項を実施する。

【図表Ⅳ-2：緊急事態において海外拠点が実施する項目】

駐在員等及び現地従業員への対応・指示	・駐在員等の安否確認の徹底 ・現地従業員の安否確認 ・代替住居，ホテル等の手配（必要あれば） ・ライフラインの復旧状況の把握 ・生活必需品の確保
海外拠点施設への対応	・会社施設の被害状況の確認 ・会社施設の稼働状況の確認 ・会社施設の安全確保（二次災害防止措置） ・納品予定の確認と納品遅延の可能性の確認
外部関係先への連絡・相談・情報収集	・現地日本公館 ・現地日本人会 ・現地パートナー，取引先 ・現地政府機関

3．第一報後の本社対応

緊急事態の第一報を受けた後，本社は，以下の手順に従い，実務を行うこととする。

(1) 緊急事態に関わる駐在員等の安否確認及び安全確保

(2) 緊急事態のレベル判断（レベル判断の詳細はⅣ-4を参照）

(3) 当該レベルに基づいた対応

(4) 海外拠点からの情報に基づき，海外拠点の被害状況並びに関連情報を把握

4．緊急事態発生時の報告ルート

　緊急事態発生時の報告ルートは，図表Ⅳ-3に示すとおりとする。第一発見者は海外拠点責任者，部門長（出張者の場合）を通じて，または直接，本社の海外危機管理担当部門（総務部）へ第一報の通報を行う。

　海外危機管理担当部門（総務部）責任者は必要に応じて状況判断ミーティングを開催してレベル判断を行い，レベル2の場合は，海外危機管理担当部門（総務部）及び関係部門で海外拠点での対応の支援に当たることとする。レベル1と判断される場合は，速やかに社長へその旨を具申し，社長権限でレベル1が確定次第，迅速に対策本部を立ち上げる。

(8)

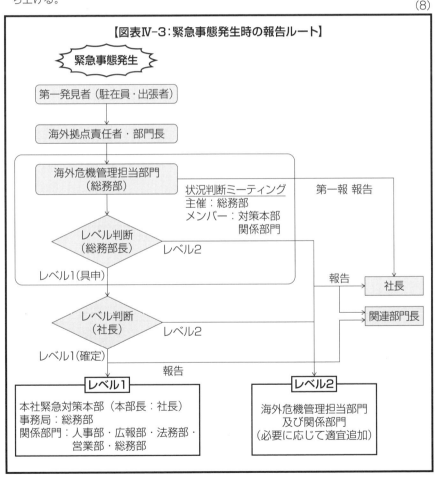

5．レベル 1 と判断された場合の対応

本社にて対策本部を設置して対応する。具体的には，以下のとおり設置，運営する。

> (1) 対策本部の設置方法
> ア．社長権限でレベル 1 が確定した場合，社長は，海外危機管理担当部門（総務部）に対し，対策本部設置の指示を行い，自ら対策本部長となる。
> イ．対策本部の設置場所は，(第一順位) 本社○○会議室又は（第二順位）○○事業所○○会議室とする。
> ウ．海外危機管理担当部門（総務部）は，社長の指示により対策本部要員を招集するとともに，対策本部を設置する。対策本部においては，海外危機管理担当部門（総務部）が事務局となる。
> エ．事務局は，対策本部において，情報収集，整理，報告，指示，記録等の活動を円滑に行えるように所要の資機材を設置する。
> オ．事務局は，対策本部が設置完了次第，対策本部長へ報告する。
> カ．対策本部の設置手順は，別に定める。

(2) 対策本部の構成と役割

対策本部の構成については図表Ⅳ-4，役割については図表Ⅳ-5 に示すとおりとする。

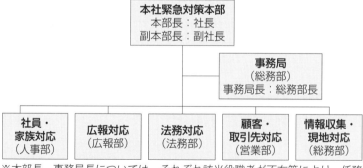

【図表Ⅳ-4：本社緊急対策本部の構成】

※本部長，事務局長については，それぞれ該当役職者が不在等により，任務に当たれない場合の代行者を第二順位まで予め決めておく。

【図表Ⅳ-5：対策本部の役割】

組織		担当	主な任務
対策本部長		社長 第一代行： 副社長 第二代行：	・経営に関わる重要な事項あるいは全社の連携・支援に関する意思決定 ・対策本部構成員の報告を受け，判断・指示
対策副本部長		副社長	・対策本部長補佐 ・情報を集約し，対策本部長へ報告 ・複数の部門が活動を行う場合，各部門間の調整
事務局長		総務部長 第一代行： 　総務部次長 第二代行：	・事務局の活動全般を指揮する。
事務局		総務部	・対策本部の設営及び運用に必要な庶務的事項 ・対策本部長の決定・判断の各部門への伝達 ・各部門間の連絡
社員・家族対応	安否確認	人事部	・駐在員等（駐在員・帯同家族・出張者）の安否確認及び安全確保 ・負傷者等の把握，医療手配
	家族対応・応援等		・残留家族への対応 ・医薬品の調達・海外拠点への提供 ・本部要員の勤務体制検討及び指示 ・現地への緊急支援要員派遣検討・実施 ・当該国への渡航制限，駐在員・帯同家族・出張者の退避検討・指示
情報収集・現地対応	情報収集対応	総務部	・現地情報，外部環境等に関する情報の収集 ・通信手段の確保
	海外拠点との連携		・現地従業員等の安否確認状況，被害状況確認 ・海外拠点との情報共有 ・本部方針に基づく海外拠点への指示・依頼 ・海外拠点支援に対する現地側要望確認・対応
	調達・応援		・食料，飲料水の調達，輸送，業者の確保
	記録		・危機事象の状況等，各種資料の収集，記録 ・情報を集約し，対策本部長へ報告 ・記録，報告書の作成
広報対応		広報部	・対外広報 ・報道機関等からの問合せ対応 ・各関係方面への連絡

(6)

13

組織	担当	主な任務
法務対応	法務部	・法的問題の対応 ・法律事務所との連絡/相談 ・保険会社等との連絡/相談
顧客・取引先対応	営業部	・関係・影響のある顧客・取引先対応

※ 各組織の主担当及び代行は，別紙5「対策本部各組織主担当及び代行」のとおり。

(6)

(3) 対策本部の縮小・解散
　　対策本部長は，事態の展開・影響が概ね収束したと判断される場合，対策本部の縮小又は解散を指示する。

(7)

6．レベル2と判断された場合の対応

　レベル2の場合は，事象が発生した海外拠点（または駐在員・出張者）での対応を基本とし，本社海外危機管理担当部門（総務部）はじめ関係部門が必要に応じて支援を行う。事態の類型，被害の重篤度合等が異なるため，案件ごとの個別対応となる。各海外拠点においては，平時から想定される事象ごとの対応要領を策定し，緊急事態に備えるものとする。

7．本社から海外拠点・現地への緊急支援要員の派遣

　緊急事態が発生している海外拠点または現地が危険でなく，かつ，人手を必要としている場合は，本社から，当該海外拠点・現地に緊急支援要員を派遣する。その際，人事部が，その要件，候補者，予想派遣期間を関係部門と協議・検討し社長に提案する。社長の了解が得られれば，人事部が正式に所属部門に候補者の派遣を要請する。

　緊急支援要員の選定においては，以下の基準により多く当てはまる人員を選定する。
　(1) 英語又は派遣先母国語に堪能であること
　(2) 緊急事態対応訓練を受けていること
　(3) 精神的，肉体的に壮健であること
　(4) 派遣先に駐在経験があること
　(5) 派遣先の風習，文化に精通又は順応性が高いこと

8．再発防止

　緊急事態の経過を事後分析し，改善策を規定，要領，関連資料等へ反映するとともに，従業員への周知を図る

Ⅴ．緊急事態別対応方法

1．交通事故への対処

> 交通事故は，特に新興国・発展途上国の駐在員・出張者にとって極めて身近なリスクの一つである。駐在員等（駐在員・出張者・帯同家族）は，発生時の対応方法・連絡手段を平時から理解しておく。本社は事故発生後，迅速に支援が開始できるよう，体制を整備しておく必要がある。

海外，とりわけ新興国では，交通ルールの違いや言葉の問題の他，道路事情，運転マナー等に問題がある例が多い。信号無視，スピード違反等が日常茶飯事であり，歩行者も交通事故には十分気をつける必要がある。また，交通事故で裁判となった際，外国人が運転していた場合，裁判が不利に展開するケースが多いため，巻き込まれないよう十分に留意する。

<u>交通事故発生時の留意点</u>
(1) まずは意識して「落ち着く」こと。自身が負傷した場合は，運転手又は周囲の人に依頼し，タクシー又は救急車で病院へ行き，治療を受ける。
(2) 次に安全確保を行う。二次被害が発生しない様，安全な場所へ避難する。交通事故現場は基本的に現状維持が必要である。警察の指示等があるまで車を移動しない。高速道路等，二次被害が懸念される場合は，車から離れ，貴重品等を身につけて安全な場所へ避難し，警察の到着を待つ。
(3) 事故相手が示談を持ちかけて来ても，原則応じない。後に責任割合や保険金支払いでトラブルになることがあるので，示談等には応じず，警察や保険会社の指示に従う。

<u>発生時の対応</u>
(1) 負傷者がいる場合，運転手か周囲の人に救急車を呼んでもらう。
(2) 運転手から警察へ連絡させる。運転手が負傷して連絡が困難な場合は，事故相手又は周囲の人に連絡してもらう。
(3) 自動車保険会社等に連絡をする。
(4) 保険会社へ連絡し，病院への支払い（キャッシュレス手配）や通訳等，必要に応じて手配を依頼する。
(5) 海外拠点責任者へ連絡する。海外拠点責任者は，必要に応じて，日本大使館・総領事館，警察，保険会社等への連絡を部下に指示し，事後処理の支援をする。

　（注）上記は一般的な対処方法であるが，アジアやアフリカの一部地域で人身事故発生の場合，被害者の関係者や地元の住民が加害者を取り囲んで報復・制裁を加える例があるため，群衆に囲まれるなど危険を感じた場合は速やかに現場を離脱し，警察署等に駆け込む等の自衛手段を講じる必要がある。

15

なお，万が一バス，公共交通機関の事故に巻き込まれた際は，上記に準じて対応する。

本社が実施すべき事項
（1）本社連絡窓口への第一報を受け，状況把握，情報共有，支援の必要性等を確認する。
（2）負傷者の付添いや他国への搬送等，支援が必要な場合は，本社からの支援要員派遣を 人事部 が関係部門と連携して検討し， 社長 の決裁をとる。
（3）支援要員は現地へ渡航し，海外拠点責任者等現地関係者と連携して対応に当たる。
（4）なお，本社から支援要員派遣を行わない場合にも，定期的に現地と連絡を取り合い，遠隔でできうる支援を行う。

交通事故発生による負傷の場合の対応フロー
　当社グループの駐在員等（駐在員及びその帯同家族，出張者）が交通事故により負傷した場合の対応フローは，図表V-1のとおりとする。

　※　海外拠点がない場合は，必要に応じて本社から現地に支援要員を派遣し，当該支援要員が上記フロー内の現地拠点の実施事項を行うことを検討する。

【図表V-1：交通事故発生による負傷の場合の対応フロー】

①初動期（リスク顕在化の認識直後の期間）

情報収集
【被害者関連】
① 被害概要
　- 被害者氏名・所属
　- 日時，場所，原因
　- 被害状況（現地治療の可否，入院治療の要否）
　- 搬送先病院名・電話番号
② 事故加害者に関する情報（名前，被害状態，連絡先等）
③ 加害性の有無（分かれば）
④ 現地警察，在外公館への通報の有無（通報していない場合には通報を指示）
⑤ （出張者の場合）被害者の出張申請書等，出張予定の分かる資料
⑥ 被害者同行者の名簿及び基本的情報
⑦ 現地拠点の対応態勢
【業務継続関連】
⑧ 被害者の業務，本被害の業務への影響度（海外拠点・所属部署へのヒアリング）
【その他】
⑨ 海外拠点，グループ内他社等からの周辺情報
⑩ メディア，インターネットの本事案に関する取扱状況

⇒　上記収集情報は，速やかに海外危機管理担当部門（ 総務部 ）責任者に報告する。

16

対策事項の検討

【被害者関連】

① 治療に必要とされる可能性のある特殊対応（極めて危険な手術，チャーター便確保等）の有無の確認

② 被害者の帰国可否（医師判断により航空機搭乗可能かどうか）

③ 被害者家族の渡航に関する意向・予定

【業務継続関連】

④ 被害者の担当業務の継続可否

⑤ 業務継続を判断した場合，必要な対応

　被害者の状況を検討し，所属部署は本社海外危機管理担当部門（総務部）とも協議の上，下記の検討を行う

- 他の社員が代行する等の方法にて業務をそのまま続行する。
- （長期入院・欠員の可能性があるため）所属部署，あるいはグループ内他社等から業務代行者の手配を行う。
- （被害者の欠員が多数である，代行者手配が困難等により）業務を一時中断する。

⑥ 日本から支援者を出す場合は，対象者，出張期間を検討・決定

【その他】

⑦ 広報対応要否の検討

現地への指示・連絡

① 本社と現地間の業務分担の確認

　原則として当マニュアルの記載に従うが，未記載事項がある場合，機能・責任分担を明確化する。

② 追加収集すべき情報の指示

③ 現地警察からのポリスレポート取得

社外関係者への対応

① 必要に応じて危機管理コンサルタントへの協力要請

② 外務省在外公館への協力要請

③ 必要な場合，取引先等への説明

②対応期（初動期に立てた対策を実施し，事態解決を図る期間）

対応策の実施

【被害者関連】

① 被害者の帰国を決定した場合の帰国の手配

② 被害者の帰国受入

③ 被害者家族が渡航を決定した場合の渡航サポート

④ 被害者家族の帰国サポート

【業務継続関連】

⑤ 代行者の出張を決定した場合，渡航手続きの実施

情報収集
① 現地からの情報（事件の背景等捜査情報，容態の推移，日本もしくは第三国での治療の要否）
② 関係機関，メディア，インターネットからの周辺情報
③ 保険会社からの保険求償に関する情報
　－　付保の範囲
　－　限度額
　－　求償手続き
④ 危機管理コンサルタントからの情報
⑤ 加害者の状況（損害賠償能力，加入保険等）

現地への指示・連絡
① 追加収集すべき情報の指示

③収束期（事態解決した後）

会社としての意思決定事項の検討
① 緊急対応体制の解除

対応策の実施
① 緊急対応における問題点の洗い出し
② 再発防止策の策定
③ 経理処理
④ 対応記録の保存
⑤ 会社としての被害額の算定開始（対応に要した費用含む）
⑥ 保険求償の開始
⑦ 被害者に関するカウンセリング等ケア態勢の確立，今後の処遇の検討

現地への指示・連絡
① 会社としての意思決定事項，再発防止策についての連絡

社外関係者への対応
① 政府機関・関係会社へのお礼（必要に応じて）
② 主要取引先への報告（必要に応じて）
③ メディアへの連絡と広報体制の通常化

2．一般犯罪への対処

一般犯罪は，邦人が遭遇する可能性が高いリスクの一つである。駐在員等（駐在員・帯同家族・出張者）は，巻き込まれないように留意して生活し，発生時の対応方法を平時から理解しておく必要がある。

　海外では，様々な犯罪に遭うリスクがある。特に出張者は，スリ，ひったくり，置き引き等，現地事情に不慣れな者を狙った犯罪に遭いやすく，駐在員・帯同家族は，空き巣等に注意が必要である。これらの一般犯罪被害に遭わないためには，駐在員等が各自で，駐在・出張先の犯罪発生傾向を良く理解し，治安の悪い場所に近づかない，夜遅く極力外出しない，住居の防犯対策を徹底するなど，基本的な対策を実施することが重要である。一方で，強盗等の凶悪な犯罪に遭遇してしまった場合は，身の安全を第一に考え，抵抗・反撃をしないのみならず，抵抗・反撃の意思があると誤解される言動を取らない等の対応も肝要である。

<u>各種一般犯罪に共通する対応</u>
（1）自身の安全を確保する。
（2）海外拠点責任者へ連絡する。当該責任者は必要に応じて，日本大使館・総領事館，警察，保険会社等への連絡を部下に指示し，解決の支援をする。
（3）負傷者へ対応する。自身が負傷した場合，又は負傷者が出た場合は，救急車，タクシー等を手配し，速やかに適切な医療機関で治療を受ける。

<u>強盗に遭った場合の留意点</u>
（1）一切抵抗せず，素直に相手の求める金品を差し出す。
（2）金品を差し出す際も，不用意にポケットや鞄に手を入れたりしない。
（3）相手の質問・指示には応えても，こちらからは必要のない会話や質問を試みない。
（4）相手の顔を凝視しない。
（5）それとなく相手の人数，年齢，服装，口癖等を覚えておく。

本社が実施すべき事項
（1）本社連絡窓口への第一報を受け，状況把握，情報共有，支援の必要性等を確認する。
（2）負傷者の付添いや他国への搬送等，支援が必要と判断される場合は，本社からの支援要員派遣を 人事部 が関係部門と連携して検討し， 社長 の決裁をとる。
（3）支援要員が渡航し，現地と連携して対応に当たる。
（4）なお，本社から支援要員派遣を行わない場合にも，定期的に現地と連絡を取り合い，遠隔でできうる支援を行う。

<u>一般犯罪による負傷の場合の対応フロー</u>
　当社グループ海外拠点の駐在員等が上記の一般犯罪に巻き込まれ，負傷した場合の対応フローは，図表V-1のとおりとする。

３．地震・津波への対処

地震・津波は，一部の国・地域（例：アジアでは中国西南部，台湾，インドネシア，ミャンマー等）で発生可能性の高いリスクである。リスクの高い国においては，駐在員等（駐在員・帯同家族・出張者）は，平時から災害発生を想定した十分な対策を講じ，発生時の対応方法を理解しておく必要がある。万一災害が発生した場合には，身の安全を確保し，安否確認・報告に努める。

　大規模地震及び津波発生時には，駐在員等は自身及び家族，同僚等の安全を確保した後，海外拠点責任者へ連絡する。海外拠点では状況を取りまとめた上，駐在員等及び現地従業員への適切な支援や本社との綿密な連絡を行う。

地震・津波が発生した場合の対応
　（1）自身及び家族，同僚等の安全を確保する。自宅・宿泊先・職場等所在場所にてインターネットやテレビ，ラジオ等で状況を把握し，建物崩壊や火災等の可能性がない限りはその場で待機し，外出しない。
　（2）津波発生が予測され，高台等への避難が必要な場合は，帯同家族及び現地従業員と連絡を取り合いながら，直ちに避難する。予め定められた避難場所等があれば，平常時から事前に確認しておく。
　（3）海外拠点責任者へ連絡する。集約した被害状況（自身及び他の駐在員・帯同家族・出張者，現地従業員の安否，住居等，損壊状況，窓から見える周囲の状況等）を簡潔・手短に報告する。
　（4）自宅・宿泊先にいる場合，海外拠点から出勤指示があっても，自宅・宿泊先周辺の状況が危険と思われる場合には，その旨を明確に告げ，無理な出勤をしない。
　（5）海外拠点責任者も，他の従業員にも連絡がつかない事態になり，かつ移動に危険が伴うと判断される場合は，安全が確認されるまで各自自宅に籠城して連絡を待つ。可能であれば日本人会，在外公館等との連絡を試みる。

本社が実施すべき事項
　（1）地震発生の情報入手後，状況把握，情報共有，支援の必要性等を確認する。
　（2）必要に応じ，緊急退避の指示を出す。
　（3）必要に応じ，現地に必要な物資の送付を手配する。
　（4）発災後現地の状況が安定した後，支援が必要な場合は，本社からの支援要員派遣を 人事部 が関係部門と連携して検討し，社長 の決裁をとる。
　（5）支援要員が渡航し，現地と連携して対応に当たる。
　（6）なお，本社から支援要員派遣を行わない場合にも，定期的に現地と連絡を取り合い，遠隔でできうる支援を行う。

地震・津波による負傷の場合の対応フロー
　当社グループ海外拠点の駐在員等が地震・津波により負傷した場合の対応フローは，図表Ⅴ-1 のとおりとする。

20

４．風水害への対処

> 風水害は，一部の国・地域（中国東南部，東南アジア・南アジア各国等）で発生可能
> 性の高いリスクである。リスクの高い国においては，駐在員等（駐在員・帯同家族・
> 出張者）は，平時から災害発生を想定した十分な対策を講じ，発生時の対応方法を理
> 解しておく。万が一災害が発生した場合には，身の安全を確保し，安否確認・報告に
> 努める。

　風水害はインターネット・テレビ・ラジオ等の一般情報によって，ある程度の発生予
測が可能である。地震と違い予測が可能な分，安易に考えがちだが，油断することなく
事前準備を心掛けることが重要なポイントとなる。

風水害の危険が切迫している場合の事前対策
　（1）台風等の場合，窓や外壁の点検・補修，及び飛ばされやすい物の固定等を行う。
　（2）特に懸念がある場合は，ガラス窓に飛散防止のテープ等を貼り付ける。
　（3）外出が困難となる事態を想定し，非常用の水や食料を一定量，準備しておく。
　（4）不要不急の外出を避け，常にインターネットやテレビ，ラジオ等で気象情報，避
　　　難情報を入手する。可能であれば日本人会，在外公館等との連絡も取り合う。
　（5）自宅・宿泊先・職場等に留まることが危険と感じられた場合，他の駐在員等と連
　　　絡を取り合いながら，早めに避難する。予め定められた避難場所等があれば，平常
　　　時から事前に確認しておく。
　（6）河川や港等，洪水・高潮・浸水の危険性が高い場所へ様子を見に近づいたりしな
　　　い。

本社が実施すべき事項
　（1）風水害発生の情報入手後，状況把握，情報共有，支援の必要性等を確認する。
　（2）必要に応じ，緊急避難の指示を出す。
　（3）必要に応じ，現地に必要な物資の支援を手配する。
　（4）発災後現地の状況が安定した後，支援が必要な場合は，本社からの支援要員派
　　　遣を 人事部 が関係部門と連携して検討し，社長 の決裁をとる。
　（5）支援要員が渡航し，現地と連携して対応に当たる。
　（6）なお，本社から支援要員派遣を行わない場合にも，定期的に現地と連絡を取り
　　　合い，遠隔でできうる支援を行う。

風水害による負傷の場合の対応フロー
　当社グループ海外拠点の駐在員等が風水害により負傷した場合の対応フローは，図表
Ⅴ-1 のとおりとする。

５．病気・感染症への対処

病気・感染症の罹患は，あらゆる国・地域で非常に身近なリスクの一つである。各国で罹患可能性の高い病気・感染症については，日頃から予防に努め，異常を感じた場合，迅速に日系・欧米系の病院で治療を受けることが望ましい。パンデミックが発生した場合には，本社と連携の上，退避判断等を迅速に実施する。本社は，急病等の場合，迅速に支援ができるよう，連絡体制の強化を含め，体制を整備しておく。

　在留邦人の死亡原因の約７～８割は持病を含む病気によるものである。また，新興国を中心に様々な感染症罹患のリスクがあり，特に邦人が罹り易い感染症は，感染性腸炎（食中毒・下痢），Ａ型肝炎，腸チフス等，飲食物を原因とする感染症である。十分に加熱した料理を食べる，密閉されたミネラルウォーターを飲む等により罹患リスクを低減できる。

　また，新興国では蚊を媒介とする日本脳炎，デング熱，マラリアや，狂犬病，破傷風，エイズ，Ｂ型肝炎等，深刻な病気も報告されており，留意が必要である。

　予防接種については，滞在都市・地域における感染症の発症状況等，任地の事情を勘案し，本社 人事部 が必要と認める予防接種を赴任前に受けておくものとする。常に身体や，職場や自宅の部屋等を清潔に保ち，極力人混みを避け，生きた鳥・動物やその死骸，生肉等を扱う場所に近づかない等，基本的な心掛けを徹底することが重要である。

病気の場合の対応
　（1）海外拠点責任者に症状について報告し，指示を仰ぐ。
　（2）加入している保険会社・アシスタンスサービスのサポートデスクへ電話をし，支援を要請する。
　（3）緊急性が高い場合は，外国人向けの信頼できる病院へ行く。

感染症に罹患した場合の対応
　（1）海外拠点責任者に症状について報告し，指示を仰ぐ。
　（2）加入している保険会社・アシスタンスサービスのサポートデスクへ電話をし，支援を要請する。
　（3）一刻も早く，外国人向けの信頼できる病院へ行く。なお，感染症と診断された場合，強制的に隔離される可能性もあるため，携帯電話等連絡手段を常時確保するとともに，海外拠点責任者等に所在を常に連絡しておく。
　（4）基本的に焦らず，医師の指示に従い，安静にする。症状に重篤性，緊急性がある場合，海外拠点責任者と相談の上，速やかに帰国し，日本の医療機関を受診する。

パンデミック時の対応
　大規模・広域に拡大する（可能性を有する）感染症が発生した場合は，駐在員等の国外退避も含めて検討をしなければならないが，感染人数が少ない段階では，慌てずに落

22

ち着いて情報を集め，常に身体や，職場や自宅の部屋等を清潔に保ち，極力人混みを避け，生きた鳥・動物やその死骸，生肉等を扱う場所に近づかない等，基本的な対応，留意が必要である。具体的には，以下のとおりに対応する。

（1）海外拠点責任者を長として，一般情報及び本社指示事項の共有会を毎日開催する。

（2）様々な信頼できる情報源から情報を集める。インターネット等にて公的機関，及び日本，欧米の公的機関・報道機関サイト等も確認する。

（3）不要不急の外出を避ける。外出の際はマスクをつけ，人混みを避け，戻ったら手洗い，うがいを実施する等，感染防止策を徹底する。

（4）屋外作業，屋外での運動は極力避ける。

（5）生活，勤務する町やその周辺で感染者数が急激に増え，感染の危険性が高まった場合，海外拠点責任者は本社とも協議し，駐在員等の国外退避を検討する。国外退避決定の際は，空路（場合によっては陸路，海路）にて速やかに日本，或いは第三国の都市に退避する。

（6）万が一，罹患もしくは罹患が疑われる様な症状が見られたら，下記のとおりに対処する。

✓　一刻も早く，外国人向けの信頼できる病院へ行く。

✓　基本的に，焦らず安静にする。症状に重篤性，緊急性がある場合，海外拠点責任者と相談の上，速やかに帰国し，日本の医療機関を受診する。

✓　特定の薬剤（抗インフルエンザ薬等）が必要な場合は，入手可能医療機関を確認しておく。一部の新興国では偽薬が流通しており，危険な副作用があるものも多数あると報告されていることから，決して非合法な手段による薬の入手はしない。

本社が実施すべき事項

（1）本社連絡窓口への第一報を受け，状況把握，情報共有，支援の必要性等を確認する。

（2）駐在員等の病状を鑑み，必要に応じて第三国搬送や帰国搬送の指示をする。

（3）現地での治療を続ける場合，必要に応じ，物資の支援を手配する。

（4）患者の付添いや他国への搬送等，支援が必要な場合は，本社からの支援要員派遣を 人事部 が関係部門と連携して検討し，社長 の決裁をとる。（ただしパンデミックの場合には支援要員派遣は実施しない）

（5）支援要員が渡航し，現地と連携して対応に当たる。

（6）なお，本社から支援要員派遣を行わない場合にも，定期的に現地と連絡を取り合い，遠隔でできうる支援を行う。

急病の場合の対応フロー

当社グループ海外拠点の駐在員等が急病の場合の対応フローは，図表V-1のとおりとする。

6．誘拐・拉致への対処

誘拐・拉致は，一部の国・地域（アフリカ，中東，東南アジア，南アジア，中南米の一部）で発生可能性があるリスクである。駐在員等（駐在員・帯同家族・出張者）は，そのようなリスクがあることを理解して生活し，万が一巻き込まれた場合には，自らの状況を外部に知らせ，生き抜くことに全力を注ぐ。本社は，事件発生後は主導的に対応が取れるよう，外務省や警察等，社外の支援を含め，体制を準備・整備しておく必要がある。

　海外では，特定の日本企業，邦人を標的とした誘拐・拉致は少数であるが，邦人が巻き込まれる事例は一定程度発生している。普段から注意し，万が一，被害に遭った場合の対処方法を準備しておく必要がある。計画的な誘拐の場合は必ず兆候があり，誘拐の兆候の発見が誘拐防止の鍵となることを認識し，少しでも普段と違う点がないか注意を怠らないことが必要である。

監視又は狙われているとの認識を持った場合の対応
　（1）全ての外国人が，現地警察，治安当局，情報機関，ビジネス上の競争相手，更には外国人を対象とする詐欺師から狙われる危険性があることを認識して行動する。
　（2）監視下に置かれていると確信した場合は，速やかに海外拠点責任者に報告する。
　（3）不審に思った場合でも，海外拠点責任者に相談し，対策を検討する。

　誘拐・拉致では，解決の時期が予測できないため，被害者のみならず対応要員においても，肉体的・精神的に甚大な負荷が予想される。万一被害者となった場合は，事態の展開や自身を取り巻く状況をある程度，予測・留意しておくことによって，精神的負荷を軽減させ，生存確率を高めることが肝要である。

誘拐・拉致の初期における対応
　（1）公共の場所（周りに人がいる状況）やホテルの部屋で誘拐されそうになった場合，状況が許せばできるだけ大きな声を出し，周囲の注意を引くことを心がける。何も抵抗せずに犯人に従った場合は周囲に事件と認知されず，1～2日間，本人の単なる不在として扱われ，救出に向けた対処が遅れる可能性がある。
　（2）誘拐・拉致された場合は，車に押し込められることがほとんどである。その場合は，以下の状況が想定されるので，留意しておく。
　　✓　目隠しをされる。
　　✓　身体的な攻撃（気を失わせるため）を受ける。
　　✓　薬物等を投与される。
　　✓　車の床に伏せさせられる。
　　✓　車のトランクに押し込められる。
　　✓　輸送用の箱，枠組み等に押し込められる。

24

(3) 拘束されている状態で反撃したりせず，精神を安定させ，生存することに集中する。
(4) 頭の中で，どのような道をたどっているかを思い浮かべ，記憶する。

誘拐・拉致の展開期における対応
(1) 目的地に到着すると，一般的に，監禁される部屋等に入れられる前に別の部屋で犯人側から尋問される場合がある。その場合には，以下に留意する。
   ✓ 犯人側に対して協力的であっても，威厳をもって接する。
   ✓ 自身および家族，会社に関する情報は極力提供しない。
   ✓ 頑固，強情な態度で，尋問者を怒らせるようなことはしない。
(2) 身代金が要求されている場合，簡単に殺害されることはないことから，とにかく生き抜くことに集中する。
(3) 継続的に監禁される部屋に入れられたと認識した場合は，知覚を鋭敏に働かせ，以下のことに留意し，それらの情報を基に逃げるための機会を探る。但し，ほとんどの場合，逃亡は失敗することを肝に銘じ，無理はしない。
   ✓ 部屋の中を細部に至るまで観察する。
   ✓ 建物特有の音等から，建物の構造，レイアウト等を想像する。
   ✓ 壁，窓等からの音，通りの音，臭い等に敏感になる。
   ✓ 時間経過に留意し，日数の経過を記憶する。
   ✓ 犯人側の行動に注意し，一定のパターンを捜す。また，犯人側の弱点や反撃しやすい点を探る。
(4) 協力的態度を維持し，見張り等の犯人側と良好な関係を構築する。また，意思の疎通が確立した時点で，本人の待遇の改善を要求する。
(5) 身体を活動的にしておく。万一，身体の自由範囲が制限されていても，筋肉の伸縮等により，筋肉を鈍らせないようにする。
(6) 監禁されている建物に，他に人質がいる場合は，意思の疎通を図る。但し，本人及びその他人質の安全，待遇を損なう危険性がある場合は，その限りではない。
(7) 非協力的な態度や犯人側を怒らせる，敵対するような態度はとらない。
(8) ストックホルム・シンドローム（良好な関係構築と特殊な環境下での緊張状態から，被害者が犯人側に対し一種の同情や連帯感を持つ現象）の兆候に注意する。
(9) 逃走できた場合は，日本在外公館に行く。
(10) 誘拐・拉致された場合に，恐怖心と緊張感，神経質な感情を持っているのは自分だけではなく，犯人側も同様であることを認識する。
(11) 誘拐・拉致された人質が多数いる場合には，犯人から特段の注意を引くような言動はしない。

自身以外の駐在員等が誘拐・拉致に遭った際は，徹底的な情報管理・統制が重要となる。特に誘拐・拉致等，現在被害者の生命が危機的状況下に置かれている中では，関係者を最小限にし，マスコミ等を含む外部への情報漏洩をできる限り防ぐことが肝要である。

本社が実施すべき事項

（1）事態が発生したら，海外拠点で独断行動を行うことなく，秘密保持等，情報管理に十分注意しつつ速やかに本社へ報告させ，本社が主導的に対応する。

（2）本社連絡窓口への第一報を受け，状況把握，情報共有，支援の必要性等を確認する。

（3）外務省領事局邦人テロ対策室，都道府県警察本部警備部（最寄警察署警備課）に直ちに協力要請し，緊密に連携を取りつつ対応する。

（4）できるだけ早い段階で，専門コンサルティング会社へ支援を要請する。以降は専門コンサルティング会社の助言に基づいて対応する。

（5）在外公館への通報は，本社の指示により行う。また現地警察等への通報は，専門コンサルティング会社または在外公館と十分協議の上で要領，タイミング等を慎重に判断する。

（6）現地と本社間で緊密に連携を取りつつ対応し，必要に応じ，支援要員を現地へ派遣する。

（7）犯人側との交渉は，専門コンサルティング会社の助言のもと，実施する。決して会社単独，駐在員等のみで交渉を行わない。

（8）誘拐，拉致においては，原則として対外的な発表，記者会見等の広報対応は実施しない。報道機関等に事態発生が察知され，広報対応が必要と判断される場合は，情報を一元化し厳格管理し，情報開示方針を明確にした上で広報対応を実施する。

誘拐・拉致への対応フロー

当社グループ海外拠点の駐在員等が誘拐・拉致された場合の対応フローは，図表V-2のとおりとする。

【図表V-2：誘拐・拉致への対応フロー】

①初動期（リスク顕在化の認識直後の期間）

営利誘拐あるいは特定の政治的意図を持った誘拐・拉致発生後，現地および海外危機管理担当部門（総務部）は以下に記載された事項までの対応を行い，それ以降は全て専門コンサルティング会社の指示に基づき行動する。

情報収集
（同行者等から誘拐被害の報告があった場合）
【被害者関連】
① 被害概要
  – 被害者氏名・所属
  – 日時，場所，原因
② （出張者の場合）被害者の出張申請書等，出張予定の分かる資料
③ 同行者の名簿及び基本的情報
④ 通報者以外で被害を知る人の洗出し
⑤ 誘拐・拉致に至るまでの，留意すべき被害者の特段の状況

⑥　被害者の持病，常備薬等，健康管理に必要な情報

【業務継続関連】

⑦　被害者の業務，本被害の業務への影響度（対象者所属部署へのヒアリング）

【その他】

⑧　メディア，インターネットの本事案に関する取扱状況（外部に情報が出ていないことの確認）

対策事項の検討

【被害者関連】

専門コンサルティング会社と協議の上，検討する。

①　犯人との交渉の具体的進め方

②　金銭の支払い要求に応じるか，その限度額，支払時期，方法

③　犯人との取引や金銭の支払いが当該国の法律上引き起こす問題

④　金銭以外の政治的要求があった場合の対応

⑤　犯人側がテロ組織であった場合

⑥　情報共有の具体的範囲（機密扱い）

⑦　在外公館，現地警察への通報のタイミング

【家族対応】

⑧　被害者家族の所在（駐在員の場合，現地か日本残留か）

⑨　被害者家族への支援要員派遣

⑩　被害者家族宅の警備強化

【業務継続関連】

以下についても，協議の上，検討する。

⑪　被害者の担当業務の継続　or　中止に関する判断

⑫　業務継続を判断した場合の継続手法

被害者の状況を検討し，所属部門長，海外危機管理担当部門（総務部）等と協議の上，以下の検討を行う。

- ■　他の社員が代行する等の方法にて業務をそのまま続行する。
- ■　（長期入院・欠員の可能性があるため）所属部署，あるいはグループ内他社等から業務代行者の手配を行う。
- ■　（被害者の欠員が多数である，代行者手配が困難等により）業務を一時中断する。

日本から支援者を出す場合は，対象者，出張期間を検討する。

- ■　被害を受けていない対象者も含めた帰国指示の検討

会社としての意思決定事項の現地への指示・連絡

専門コンサルティング会社と協議の上，現地への情報開示の範囲，及び指示・連絡内容を決定する。

対応策の実施

上記の『対策事項の検討』記載の内容について，必要に応じて専門コンサルティング会社と協議の上対応策を実施する。

社外関係者への対応

報道機関等に事態発生が察知され，広報対応が必要と判断される場合は，情報を一元化し厳格管理し，専門コンサルティング会社の助言に基づき情報開示方針を明確にした上で広報対応を実施する。

②対応期（初動期に立てた対策を実施し，事態解決を図る期間）

引き続き，専門コンサルティング会社の助言に基づき行動する。
長期化する事態に備え，対応要員の交替，家族支援要員の確保策等を検討する必要がある。
被害者家族が現地にいる場合は，犯人からの家族に対して何らかのアクション（脅迫，要求等）や襲撃・拉致等がある可能性もあり，警備強化が重要である。

③収束期（事態解決した後）

会社としての意思決定事項の検討
①　緊急対応体制の解除

対応策の実施
①　緊急対応における問題点の洗い出し
②　再発防止策の策定
③　経理処理
④　対応記録の保存
⑤　会社としての被害額の算定開始（対応に要した費用含む）
⑥　保険求償の開始
⑦　被害者に関するカウンセリング等ケア態勢の確立，今後の処遇の検討

現地への指示・連絡
①　会社としての意思決定事項，再発防止策についての連絡

社外関係者への対応
以下は，専門コンサルティング会社の助言に従い実施を検討する。
①　政府機関・関係会社へのお礼（必要に応じて）
②　主要取引先への報告（必要に応じて）
③　メディアへの連絡と広報体制の通常化

7．デモ・暴動への対処

デモ・暴動は，一部の国・地域（アフリカ，中東，東南アジア，南アジア，中南米の一部）では発生可能性の高いリスクである。駐在員等（駐在員・帯同家族・出張者）は，平時から情報収集を行い，巻き込まれないように留意して生活することが求められる。本社は，事件発生後迅速に支援ができるよう，体制を整備しておく。

デモ・暴動に対しては，平時からの情報収集が不可欠である。反政府デモ，反日デモや外国人排斥デモが発生する場合等は，トリガーとなる政治的背景や歴史的イベント等があることが多い。また，昨今ではSNS等でデモの呼びかけが行われる場合もあるため，現地での情報収集によって，巻き込まれるリスクを小さくすることが可能である。

近隣でデモ・暴動が発生した場合の対応
（1）デモ等の現場へは絶対に近寄らない。
（2）インターネット，テレビで最新情報を収集するとともに，在外公館等と密に連絡を取り，どの辺りでデモ等が展開されているかを把握する。当該エリアに用事があっても，完全に収まったことが確認できるまで，決して現場へは行かない。
（3）邦人が標的にされている可能性がある場合は，日本在外公館や日本政府権益，日本企業施設等へは近寄らない。
（4）出勤途中でデモ等が発生した場合，必ず当該エリアを迂回し，無理に出勤しようとしない。
（5）デモ・暴動を興味本位で見物に行ったりしない。
（6）デモ現場から離れていても，極力外出は控える。特に夜間の繁華街，酒場やクラブ等，多くの人が集まるような場所へは絶対に行かない。
（7）日本語で，大声で会話する等，簡単に邦人（外国人）だと認識される行動は避ける。
（8）万が一，攻撃的な現地人に絡まれた場合，極力相手にせず，速やかにその場を離れ，安全な場所へ移動する。

当社グループの海外拠点が標的とされた場合の対応（前項に加え以下のとおりに対応）
（1）全員の安否確認，安全確保に努める。
（2）原則自宅待機とする。
　　✓　待機中は毎日，社内連絡網で他の駐在員等の安否を確認する。
　　✓　インターネットやテレビ，ラジオ等で，最新情報を集める。完全に騒ぎが静まるまで，出社はしない。
（3）デモ隊が暴徒化し，暴行・破壊・略奪等の不法行為に及ぶ危険性がある場合は，直接対処しようとせず，警察へ通報する。

29

本社が実施すべき事項

(1) 本社連絡窓口への第一報を受け，状況把握，情報共有，支援の必要性等を確認する。
(2) 必要に応じ，緊急避難の指示を出す。
(3) 必要に応じ，現地に必要な物資の支援を手配する。

デモ・暴動への対応フロー

　当社グループ海外拠点近隣でデモ・暴動が発生し，駐在員等の生命・身体の安全が脅かされた場合は，図表Ⅴ-3のとおり対応する。

【図表Ⅴ-3：デモ・暴動が発生した場合の対応フロー】

①初動期（リスク顕在化の認識直後の期間）

情報収集
【物的被害関連】
① 被害概要
　　－　被害発生の日時，場所，原因
　　－　被害状況（物的被害）
【人的被害関連】（人的被害が出た場合）
② 被害概要
　　－　被害者氏名・所属
　　－　日時，場所，原因
　　－　被害状況（現地治療の可否，入院治療の要否）
　　－　搬送先病院名・電話番号（被害者が出た場合）
③ （出張者の場合）被害者の出張申請書等，出張予定の分かる資料
④ 同行者の名簿及び基本的情報
　　－　当該出張同行者の安否確認
⑤ 被害者のアシスタンスサービス等への連絡状況
【業務継続関連】
⑥ 本被害の業務への影響度（所属部署へのヒアリング）
⑦ 器物の破損，機材の盗難等により業務に影響のある場合の対応措置
　　－　グループの所有物あるいは帰属品の場合，確保の手続き
【その他】
⑧ グループ他社等からの周辺情報
⑨ メディア，インターネットの本案案に関する取扱状況

　　⇒　上記収集情報は，速やかに海外危機管理担当部門（総務部）に報告する。

対策事項の検討
【被害者関連】
① 治療に必要とされる可能性のある特殊対応（極めて危険な手術，チャーター便確保等）の有無の確認

30

② 被害者の帰国可否(医師判断により航空機搭乗可能かどうか)
③ 被害者家族の渡航に関する意向・予定
【業務継続関連】
④ 被害者の担当業務の継続可否
⑤ 業務継続を判断した場合,必要な対応

　被害者の状況を検討し,所属部署は本社海外危機管理担当部門((総務部))とも協議の上,下記の検討を行う。
- 他の社員が代行する等の方法にて業務をそのまま続行する。
- (長期入院・欠員の可能性があるため)所属部署,あるいはグループ内他社等から業務代行者の手配を行う。
- (被害者の欠員が多数である,代行者手配が困難等により)業務を一時中断する。

⑥ 日本から支援者を出す場合は,対象者,出張期間を検討・決定
⑦ 被害を受けていない駐在員等を含めた帰国指示の検討
⑧ 業務継続のために,不足資材がある場合の対応方針
【その他】
⑨ 危機管理コンサルタントへの相談
⑩ 広報対応要否の検討

|現地への指示・連絡|
【業務継続関連】
① 本社と現地間の業務分担の確認
② 追加収集すべき情報の指示(特に今後のデモ・暴動等治安情勢についての情報)

|社外関係者への対応|
① 危機管理コンサルタントへの協力要請
② 外務省在外公館への協力要請
③ 必要な場合,取引先等への説明

②対応期(初動期に立てた対策を実施し,事態解決を図る期間)

|対応策の実施|
【被害者関連】
① 被害者の帰国を決定した場合の帰国の手配
② 被害者の帰国受入
③ 被害を受けていない対象者も含め,帰国指示を決定した場合の帰国手配
④ 上記対象者の帰国受入
【業務継続関連】
⑤ 代行者の出張を決定した場合,渡航手続きの実施

|情報収集|
① 現地からの情報(事件の背景等捜査情報,負傷者の容態,日本もしくは第三国での治療の要否)

31

② 関係機関，メディア，インターネットからの周辺情報
③ 保険会社からの保険求償に関する情報
- 付保の範囲
- 限度額
- 求償手続き
④ 危機管理コンサルタントからの情報

【現地への指示・連絡】
① 追加収集すべき情報の指示

【社外関係者への対応】
① 外務省在外公館との情報共有（緊急退避の要否，手段）

③収束期（事態解決した後）

【会社としての意思決定事項の検討】
① 緊急対応体制の解除

【対応策の実施】
① 緊急事態対策における問題点の洗い出し
② 再発防止策の策定
③ 経理処理
④ 対応記録の保存
⑤ 会社としての被害額の算定開始（対応に要した費用含む）
⑥ 保険求償の開始
⑦ 被害者に関するカウンセリング等ケア態勢の確立，今後の処遇の検討

【現地への指示・連絡】
① 会社としての意思決定事項，再発防止策についての連絡

【社外関係者への対応】
① 政府機関・関係会社へのお礼（必要に応じて）
② 主要取引先への報告（必要に応じて）
③ メディアへの連絡と広報体制の通常化

32

Ⅵ. 緊急退避要領

1. 緊急退避が想定される事態

　緊急退避とは，現地で安全が確保できない場合に，駐在員等を現地から日本又は第三国へ緊急避難させることをいう。具体的には，以下の事態での実行を想定する。
　(1) 現地における治安の急激な悪化等により，駐在員等の安全が確保できない。
　(2) 現地における衛生状態の急激な悪化等により，駐在員等の健康が確保できない。
　(3) 現地における社会インフラの途絶や食料・飲料水等，物資の不足等により，駐在員等の生活が維持できない。

　各海外拠点において，複数の緊急退避ルートを策定し，駐在員等は実際に予行演習等を行っておく。緊急退避ルートの目的地には，都市郊外，地方都市，隣国等，異なる目的地を設定しておく。

2. 退避における緊急事態の段階別・指示内容

　緊急事態を段階区分し，原則として図表Ⅵ-1の内容を参考にし，指示を出す。指示は，対策本部が発令する。また，一刻を争う際は特例として海外拠点責任者が独自で指示を出すが，その判断結果については免責とする。図表Ⅵ-2は，緊急事態段階別の想定シナリオ例を示している。

【図表Ⅵ-1：緊急事態段階別の本社からの指示内容】

緊急事態段階	会社としての指示内容			
	海外拠点駐在員（責任者）	海外拠点駐在員（左記以外の駐在員）	海外拠点駐在員の帯同家族	出張者
Stage1（注意段階）	通常勤務	通常勤務	帰国準備開始（又は自身の任意で帰国措置）	・渡航を推奨しない ・事前に情報収集を十分に行ったうえ，渡航中は安全対策を講じる前提で渡航を許可
Stage2（一時帰国段階）	通常勤務	勤務と並行して帰国準備開始	一時帰国を推奨	不要不急な出張は禁止
Stage3（退避開始段階）	勤務と並行して帰国準備開始	帰国又は第三国へ退避	帰国又は第三国へ退避	原則渡航禁止
Stage4（全面退避段階）	退避	帰国又は第三国へ退避	帰国又は第三国へ退避	原則渡航禁止

33

【図表Ⅵ-2：緊急事態段階別の想定シナリオ例】

緊急事態レベル	想定シナリオ（例）	
	デモ・暴動	感染症拡大
Stage1 （注意段階）	・一部地域で緊張が高まり，デモ等による邦人，日本の施設への被害が確認される	・感染症の流行拡大が懸念され，渡航に危険が伴うと認められる ・WHO警戒フェーズ：警戒期
Stage2 （一部帰国段階）	・国全土で緊張が高まり，一部のデモが暴徒化，邦人が暴行され負傷する事態が複数確認される（生命への危険が懸念）	・WHOにより緊急事態宣言が行われる ・WHO警戒フェーズ：警戒期
Stage3 （退避開始段階）	・国全土でデモが暴徒化し，日系を含む外資系の企業で国外退避が始まる ・在外公館の職員，子女が帰国を始める（生命への危険が緊迫）	・上記に加え，WHOが感染拡大防止のために貿易・渡航制限を求める ・WHO警戒フェーズ：警戒期
Stage4 （全面退避段階）	・日本大使館，総領事館から退避勧告が出される	・上記に加え，現地の医療体制の脆弱性が明白である ・WHO警戒フェーズ：パンデミック期

3．退避の交通手段

退避の交通手段については，以下の記述を参考に海外拠点責任者が状況に応じて決定する。

(1) 飛行機（定期便）

ア．Stage1～2の段階では緊急退避を実行に移す邦人は少ないと思われ，就航中の定期便を利用して日本に通常帰国することが可能である。図表Ⅳ-1の本社指示に関わらず，危険な状況が予測される場合は，極力この段階で早期の退避を検討すべきである。

イ．Stage3の段階では一部の邦人が緊急退避を実行に移すため，日本への直行便を確保できなくなる可能性がある。その場合は，隣国を経由して帰国を試みることが必要である。

ウ．Stage4の段階では日本への直行便のみならず隣国等への定期便も確保できなくなる可能性がある。さらには政情悪化による空港封鎖や政府による移動制限等により，航空便そのものが使用できない事態も想定される。

(2) 飛行機（チャーター機）

ア．Stage3～4の段階で定期便が利用できない場合，チャーター機の手配による退避が考えられる。

イ．チャーター機の手配は当然ながら高額な手配料・利用料がかかるため，本社と

しては必要に応じて保険手配等を予め検討しておく必要がある。
   ウ．緊急時におけるチャーター機手配が困難な場合，アシスタンスサービス会社等に手配支援を依頼することができるが，手配が必ず保証されるものではない。
   エ．Stage4 の段階ではチャーター機の手配も困難となる可能性が高いが，一方で日本政府が邦人救出のため機体を手配する可能性がある。

（3）鉄道・長距離バス・車両・船等
   ア．Stage3～4 の段階で飛行機による退避が困難である場合，鉄道・長距離バス・車両等の陸路，または船による隣国や他都市への退避を検討することができる。ただし，空路に比べ，いずれの手段も一般的に危険性が高いため，安全性が十分確認できる場合以外は，安易にこれらの手段を選択しない。
   イ．特に新興国・途上国では，鉄道・長距離バス・船の大規模事故が頻発している例がみられることから，平常時から当該国・地域におけるこれらの交通手段の安全性・信頼性を確認しておく必要がある。
   ウ．車両での移動は，公共交通機関よりも一般的にさらに危険性が高い。車で都市部を離れ移動する際，道路整備の不良や他車の無謀運転による事故リスクがある他，治安状況等により事件に巻き込まれる危険性も高い。信頼でき移動ルートの状況に精通した運転手，整備状況が良好な車両と燃料等が確保できる場合に限り，利用を検討すべきである。

4．退避が困難な場合の住居・ホテルでの籠城

国外退避や隣国・他都市への移動が困難な場合は，無理をせず自宅住居やホテル等での籠城を選択する。

自宅住居においては，籠城事態を想定し，予め十分な食料・水・生活必需品の備蓄を行っておく。

ホテルでの籠城を行う場合は，基本的な留意事項として，ホテル内で目立つ格好，言動をせず，日本語で，大声で話す等は控える。

5．緊急退避時の留意事項

（1）本社の判断
   緊急時における現地でのリスク情報の収集と情勢判断は有用だが，デモ・暴動，政情変化や感染症拡大等の異常事態においては，現地での報道にバイアスや統制がかかる例もあり，かつ社会情勢によってデマ・風評が流布される例も多く，現地判断のみでは判断を誤る可能性もある。本社独自での情報収集・情勢判断が不可欠である。

【図表Ⅵ-3：海外拠点による退避判断の問題点】

海外拠点による単独判断の弊害	本社で必要な対応
・現地社会と密接な関係を構築している場合ほど，駐在員等において現地を見捨てたくないという感情や，責任感・使命感から生じる出国への心理的抵抗が強くなる。 ・現地社会では，期待的楽観論や慣れからくる危機への過小評価等が流布されやすい。これらの評価のみを判断根拠とした場合，結果として，最悪の事態に対して対応に遅れが生じる可能性がある	・本社でより多面的な国内外（欧米諸国政府やシンクタンク等）の情勢評価を収集し，現地に提供する。 ・本社はより客観的な観点で情勢を検討・評価・判断し，現地に対し的確な指示を出す。 ・平常時に予め最悪の事態を想定したシナリオを本社と海外拠点間で共有する。 ・更にその想定に基づいた備え，訓練を行う。
・混乱した状況で，整理された体系的な情報収集が困難になる。 ・現地当局が情報統制をする可能性もある。	・本社は平常時から多面的な情報収集源を確保し，現地での情報収集を補完する。 ・特に日本政府機関（外務省等），同業他社，シンクタンク，コンサルティング会社等から情報収集を行う。

(2) 現地従業員，現地関係先等への配慮

　駐在員等が職場を放棄して退避する場合，邦人に取り残されることによる，現地従業員への心理的な影響（「日本人はいざという時には退避してしまう」「見捨てられた」等の失望感）や，現地政府，現地関係先への配慮が必要となる。

ア．国外退避判断基準，退避要領について，事前に現地従業員のうち，信頼のできる管理職等に良く周知させておく。緊急時にはあらゆる情勢・情報を総合的に分析し，駐在員等の生命の安全のために「退避やむなし」という段階になった後に判断を下し，現地従業員の管理職等の理解を求める。

イ．現地従業員の安全に対して，会社として最大限の対応，配慮を行う。

ウ．上記を考慮した結果，一部の駐在員等が現地に残留する判断を行う場合は，次の各条件を満たすことを前提とする。
　　a．事務所・住居の安全が確保されていること
　　b．海外拠点と日本の本社との間の通信手段が問題なく機能すること
　　c．水・食料等の備蓄が十分にあること
　　d．残留する駐在員は，英語又は現地母国語に堪能なこと
　　e．残留する駐在員は，海外拠点の運営・操業にとって不可欠な人材であること

　　　　　　　　　　　　　　　　　　　　　　　　　　　　　　　以　上

別紙 1　緊急事態第一報シート

(事件・事故の発生後または緊急連絡受領後 30 分以内に送付)

発信・受信（いずれかに○）　　日時：＿＿＿＿＿＿＿＿＿＿

発信者・受信者（いずれかに○）　氏名：＿＿＿＿＿＿＿＿＿＿

注：灰色の部分は記入必須事項

事件・事故の概要		
発生日時	現地時間：	
	日本時間：	
事件・事故の種類 （いずれかに○）	事故・犯罪・自然災害・誘拐・拉致・恐喝・爆弾テロ・ 予告・戦争・内乱・クーデター その他（　　　　　　　　　　）	
発生場所		
被害の概要 • 報告者がこの事件を知った経緯 • 被害の程度 • 報告者が事件の発生を事実 　と信じる理由 • 犯人に関する情報　等		
被害者に関する情報		
被害者氏名		
従業員との関係（いずれかに○）	従業員本人・従業員家族（　　　　　　　　の家族：続柄　　　）	
従業員所属拠点・役職	拠点名：	役職名：
被害者の現在の所在地	所在地：	電話番号：
被害者の住所		
被害者の電話番号	自宅：	事務所：
被害者のFAX番号	自宅：	事務所：
報告者に関する情報		
報告者氏名		
報告者所属拠点・役職	拠点名：	役職名：
報告者の現在位置		
報告者の電話番号	自宅：	事務所：
報告者のFAX番号	自宅：	事務所：
報告者の携帯電話番号		
報告者のE-mailアドレス	自宅：	事務所：
報告者の連絡後の行動 （予定）		

37

別紙2　緊急事態報告シート

（事件・事故の発生後または緊急連絡受領後1時間以内に送付）

発信・受信（いずれかに○）　　日時：

発信者・受信者（いずれかに○）　氏名：

注：灰色の部分は記入必須事項

事件発生時の詳細な状況		
時間発生時の被害者の状況		
犯人の手口（暴力の程度・その他特徴）		
死傷者の有無		
目撃者の有無		
警察等の介入の有無		
その他特記事項（事件の原因もしくは心当たりの有無等）		
通報の状況		
本社以外への通報先 （通報済みに○）	日本大使館・日本領事館・現地警察・現地当局・その他 （　　　　　　　）	
通報先（通報済み）の 部局・担当者・連絡先	日本大使館・領事館 （　　　　　　）	部局名
		担当者名
		連絡先
	現地警察 （　　　　　　）	部局名
		担当者名
		連絡先
	現地当局 （　　　　　　）	部局名
		担当者名
		連絡先
	その他 （　　　　　　）	部局名
		担当者名
		連絡先
今後の連絡体制		
海外責任者 （現地対応における最高責任者）		海外責任者の役職（いずれかに○） 拠点責任者 拠点次席等の代行者 その他（　　　　）
海外責任者の今後の予定 （24時間）		
海外責任者の電話番号	自宅：	事務所：
海外責任者のFAX番号	自宅：	事務所：
報告者の携帯電話番号		
本件に関する今後の連絡 専用電話番号（もしあれば）		

38

別紙3　海外緊急事態本社連絡窓口及び本社緊急対策本部代表者連絡先一覧表

1　海外緊急事態本社連絡窓口：

総務部長
Tel：　　　　　　　（携帯）
E-mail：
Fax：
第一代行：
Tel：　　　　　　　（携帯）
第二代行：
Tel：　　　　　　　（携帯）

2　本社緊急対策本部代表者連絡先一覧表

201〇年〇月〇日現在

部門名	役職 （緊急時）	氏名	電話番号	携帯番号	FAX	E-mail
対策 本部	対策本部長	〇〇〇〇	+81-3-****-****	+81-80-****-****		
	副本部長	〇〇〇〇				
	本部員					
事務局	事務局長					
	副事務局長					
	事務局員					
	部長					
	代理					
	担当者					
	部長					
	代理					
	担当者					

※　連絡先等に変更があった場合は，速やかに各海外拠点に通知する。

別紙4　海外拠点緊急連絡先一覧表

201 ○年○月○日現在

拠点名 (国名)	役職 (緊急時)	氏名	電話番号	携帯番号	FAX	E-mail

※　海外拠点から連絡先等変更の通知があった場合は，速やかに変更する。

40

別紙5 対策本部各組織主担当及び代行

組織		担当	主な任務	主担当	第一代行	第二代行
社員・家族対応	安否確認	人事部	• 駐在員等（駐在員・帯同家族・出張者）の安否確認及び安全確保 • 負傷者等の把握，医療手配	（氏名） ○○○○	（氏名） ○○○○	（氏名） ○○○○
	家族対応・応援等		• 残留家族への対応 • 医薬品の調達・海外拠点への提供 • 本部要員の勤務体制検討及び指示 • 現地への緊急支援要員派遣検討・実施 • 当該国への渡航制限，駐在員・帯同家族・出張者の退避検討・指示			
情報収集・現地対応	情報収集対応	総務部	• 現地情報，外部環境等に関する情報の収集 • 通信手段の確保			
	海外拠点との連携		• 現地従業員等の安否確認状況，被害状況確認 • 海外拠点との情報共有 • 本部方針に基づく海外拠点への指示・依頼 • 海外拠点支援に対する現地側要望確認・対応			
	調達・応援		• 食料，飲料水の調達，輸送，業者の確保			
	記録		• 危機事象の状況等，各種資料の収集，記録 • 情報を集約し，対策本部長へ報告 • 記録，報告書の作成			
広報対応		広報部	• 対外広報 • 報道機関等からの問合せ対応 • 各関係方面への連絡			
法務対応		法務部	• 法的問題の対応 • 法律事務所との連絡/相談 • 保険会社等との連絡/相談			
顧客・取引先対応		営業部	• 関係・影響のある顧客・取引先対応			

41

第**4**章

海外危機管理体制を構築する

4章

1 海外危機管理マニュアルを活用するためのポイントを教えてください

マニュアル作成後に注意すべきこと

　第2章の最後で「海外危機管理体制」は重要な一歩を踏み出した，と書きました。たしかに社内で正式に承認された「海外危機管理マニュアル」が発行されたことは，これまでそのようなマニュアルがなかった企業であれば，重要な前進と言えます。

　ただ現実には，「マニュアルがある」＝「適切な海外危機管理体制が整備されている」ではありません。なぜなら，マニュアルがあっても適切に運用されていない例が非常にたくさんありますし，マニュアル以外にも，本社が取り組むべき海外危機管理上の課題はあるからです。マニュアルがあるというのは，少なくとも，海外で何らかの「危機」が発生した場合に，関係者が共通して判断の拠り所とできる文書が存在する，ということ「のみ」を意味します。これだけでは，たとえば，関係者がこのマニュアルの存在を理解しておらず，実際には危機発生時に「判断の拠り所」とせず勝手な判断をすることも考えられますし，マニュアルを活用しようとしたとしても，適切に活用できない可能性もあります。

　マニュアル作成は「重要な一歩」ではあるのですが，まだまだ，海外危機管理体制構築のために取り組むべきことがあるのです。

マニュアルを作るだけでは役に立たない現実

　大規模災害対策を考えると理解しやすい方が多いと思われます。多くの企業は，大規模地震等を想定した「地震対策マニュアル」を作成し，近年では「事業継続計画」（Business Continuity Plan：BCP）を整備する企業もかなり増えています。一方，東日本大震災などの被災事例では，「マニュアルやBCPを整備していたが，うまく活用できなかった」という企業が多

数あったことが，様々なアンケートやヒアリング調査で明らかにされています。つまり多くの企業では，マニュアル・BCP 等の文書を完成させたところで安心し，対応体制構築の取組みを緩めてしまっていたのです。結果，あらかじめ整備していたマニュアル・BCP は，役職者から現場担当者まで適切に周知されておらず，マニュアル・BCP どおりの対応が行えなかった例が多数見られました。

また，適切な対応が行えなかった企業からは，「マニュアル・BCP の被害想定と実際に発生した被害が異なっていたため，適切に対応できなかった」という声も聞かれました。

いずれにしても苦労して作成したマニュアルがいざ危機に直面した際に役に立たない，という事実は大変残念なことだと思います。

活きたマニュアルにするために必ず必要なこと

それでは，せっかく作成したマニュアルを「活きた」マニュアルにするには何が必要なのでしょうか？

それは，「海外危機管理マニュアルがあるだけ」の状態を「海外危機管理体制を構築している」と言える状態にすることです。そのために，最初に必要なのは，「教育・訓練」です。我々コンサルタントは，すべてのクライアントに必ず「**マニュアルは教育・訓練とセットで初めて機能します**」と強調します。

まずは少なくとも，マニュアルの対象者となる経営層，本社関係部門に対して，マニュアル内容のレクチャー，説明のための場をできるだけ早く設定し説明を行うべきです。さらには駐在員や出張者関係部門に対しても説明会を行い，これらの関係者で簡単な訓練を行う必要があります。教育・訓練の詳細な企画・実施方法は，第5章で詳しく述べますのでそちらも是非参照ください。

海外危機管理体制構築の
ポイントを教えてください

「海外危機管理体制構築」のコツ

　本章1で，マニュアルを「活きた」マニュアルにするためには，「海外危機管理体制を構築している」という状態にすることが必要，と書きました。ただ「海外危機管理体制の構築」などというと，大掛かりな印象を持たれ，「難しそうだ」と感じる方も多いかと思います。実際に，マニュアルはあるものの，そこから次のステップに踏み出せず，止まってしまう例も多くみられます。

　実は，「海外危機管理体制構築」には，重要な「コツ」があります。それは「最初から完璧を目指さない」ことです。担当，責任者の方からすれば，経営トップや役員に対して「これで完璧です」と胸を張れるものを作りたい，という気持ちもわかります。しかし予算や人員，時間といった経営資源が限られるなか，完璧を目指すことは難しいのが現実です。また「完璧」なマニュアルがあるのなら大丈夫だろう，という誤解を生じ，その後の取組みが停滞する原因にもなり得ます。

　解決策として，まずは「完璧」ではなく「最低限」のレベルを目標としたうえで体制構築に取り組む，「最低限」が確保できた後に，「レベルアップ」を図る活動を展開し，徐々にレベルを上げていく，というアプローチが大変有効です。

「どこまでやるべきか」という議論について

　ところで，企業の海外危機管理担当者が，経営トップや役員から聞かれて言葉に詰まる問いかけがあります。「当社は，海外危機管理の取組みをどこまでやるべきと考えるか？」です。

　結論からいうと，「担当者には答えられない」となります。危機管理はそ

もそも発生確率が低いが，発生すれば組織に甚大な影響をもたらす事態を対象とします。これは滅多に発生しないが発生するかもしれない，ひとたび発生すれば十分な準備（先行投資）がないと適切な対応ができない，そのような事態となれば，最終的に経営トップ・役員が責任を問われる，という性質があるため，十分な準備（先行投資）を行うかどうか，といった判断は，まさに経営トップでないとできないのです。

「他社はどこまでやっているのか？」もよく聞かれる質問です。これは公開された情報は限られますが，たとえば，一般社団法人日本在外企業協会がウェブサイト上で公開している「海外安全対策に関するアンケート」調査結果等が参考になります。

2015年9月の調査結果によると，海外安全対策に関する専任の組織や兼任担当者，または危機管理チームを置いている企業は回答企業の94％に達する，とあります。

ただ，危機管理は本来，トップの経営判断で取り組むべきものです。仮に事件に巻き込まれた駐在員が会社の対応不備で死亡してしまい，遺族やマスコミから説明を求められた際，「他社がやっていなかったので当社も備えをしていなかった」などという説明が通用するわけはないのです。

「最低限」の海外危機管理体制

ここでは「最低限」の海外危機管理体制は，「何が起きても，会社が混乱・パニックに陥ることなく，最低限の初動対応ができること」とします。以降は「最低限」の海外危機管理体制構築のため，本章 **1** で述べた「マニュアル内容のレクチャー，説明会」以外に必要な備えについて，順に紹介していきます。

海外で事件・災害等が発生した場合の本社の対応を教えてください
—「最低限」の海外危機管理体制の構築(1)—

以下の事例に際し、どのような対応が必要でしょうか。

> 英国の首都ロンドン中心部で大規模なテロが発生しました。報道では情報が錯綜するなか、早くもロンドンや英国への出張可否について、各部門から問合せ・相談が相次いでいます。どのように対応しますか？

ポイント
「リスクモニタリング」とリスクの「分析・対応」体制が必要です。

リスクモニタリングの必要性

　海外におけるリスクの環境は日々変化しています。たとえば近年、とくに大きな変化がみられた例が欧米やアジアにおけるテロの動向と言えます。2014年ごろから、欧米各国の都市部で「ホームグロウン型」「ローンウルフ型」（詳細は第6章6を参照）と言われるテロが増え始め、それまでテロはほとんど起きないとみられていた国々（米国、フランスなど）でテロが発生するようになりました。

　またテロに限らず、たとえばハリケーンの接近や豪雨予想などの気象予報、大規模デモの計画、政情の不安定化、未知の感染症の感染拡大等、現地の駐在員等に影響を及ぼすとみられる事態については、できるだけ早く情報を察知し、対応の要否を含め、会社としての対応方針を検討することが望まれます。

　こうした検討を行うためには、日々、海外のリスク情報を「モニタリング」（監視）する体制が必要なのです。

求められる分析・対応

　加えて，モニタリングして得られた情報を分析し，会社としての対応の必要性を検討し，具体的な指示等を出せる体制が必要です。たとえば，ある国で大規模なテロ，デモ，災害等が発生した際は，速やかに状況を確認して，その国への出張制限の指示を出す，または，その国の駐在員等へ国外への緊急退避を指示するなどの必要があるかどうか，判断できる体制が求められます。

情報の分析における「インテリジェンス」の必要性

　情報処理においては，「インフォメーション」と「インテリジェンス」は異なり，簡単にいうと，インフォメーションは「加工されていない生のデータ」，インテリジェンスは「意思決定のためにインフォメーションを加工，分析して得られたもの」です。一般的に我々が「情報」というとき，インフォメーションを指しますが，それをもとに判断を下すためには，インフォメーションを加工してインテリジェンスにする必要があるのです。これが情報の分析ということになります。

求められる体制の例

　こうした，「リスクモニタリング」と「分析・対応」を行う担当部門を決め，専門家，コンサルタントなどを活用して，常に情報を確認するとともに，情報を分析し，対応する機能を持つ必要があります。

　世界中の膨大な情報のモニタリングと分析・対応は，社内で行うのは大変です。日本の外務省や一般のコンサルティング会社などが，海外のリスクに特化した情報提供サービスや相談サービスを用意していますので，これらを活用し，常に情報を収集し，分析のための準備を行っておくことが有効です。

本社と現地の感覚の違い
～タイ・クーデター（2014年）～

——— クーデター発生！　その時日本企業本社は ———

　東南アジアのタイで2014年5月22日夕方，プラユット陸軍司令官（当時）がテレビ演説で軍が全権を掌握することを宣言しました。事実上の軍によるクーデター宣言でした。タイの首都バンコクでは宣言以降，すべてのテレビ・ラジオ局は通常放送を中止し，また夜10時半以降は翌朝5時まで外出が禁止されました。

　タイに進出していた日本企業の本社関係者のほとんどは当然驚き，状況確認に追われました。タイには当時も自動車・電機・電子等様々な業種の日本企業が進出しており，各社は駐在員等の安全状況を即座に確認し，駐在員や現地社員の自宅待機等を指示し，なかには日本からタイへの出張自粛を指示した企業もありました。

——— 現地の駐在員の反応 ———

　一方，現地の駐在員の反応はどうだったでしょうか？　当然同じように驚き，不安を覚えた方々も多数いたのですが，概ねタイ在住歴が長い方々ほど，冷静な反応を見せました。なぜなら，タイは過去からクーデターを繰り返してきた国であり，2014年の事態も1930年代から数えると19回目のクーデターとされました。「他国のクーデターとは違う」「クーデターというより政治改革とよんだほうがいい」との声もありました。

——— 現地で何が起きているかを把握するのは難しい ———

　結果として2014年のタイではクーデター以降も大きな混乱は発生しませんでした。異常事態が発生した際，安易に楽観的な観測を信じるのも考えものですが，冷静に事態を見極めることも大切です。とくに現地の歴史・文化等を踏まえた，情勢判断が不可欠となります。

海外危機管理の重要性
〜湾岸危機邦人人質事件（1990年）〜

―――― 軍事侵攻に巻き込まれた企業の駐在員 ――――

　中東の産油国クウェートは1990年8月2日の深夜2時、隣国のイラクに突然、軍事侵攻されました。いわゆる「湾岸危機」です。圧倒的な兵力のイラク軍による突然の侵攻は、湾岸諸国のみならず国際社会を驚愕させる事態でした。侵攻により、クウェートに在住していた300人近い邦人を含む多くの外国人が脱出の機会を逃し、イラクによって、「人間の盾」、つまり民間人の人質とされました。商社、航空会社、建設、石油開発、通信等の業種の日本企業駐在員等は、当初、在クウェート日本大使館に集団で避難し、その後、イラクの首都バグダッドへ移動したところで、全員が軟禁状態となり、その後イラク政府により人質とされました。

―――― 解放された人質の証言 ――――

　国際社会の強い非難により、イラク政府はその後方針を転換し、外国人人質を逐次解放、邦人人質も、湾岸戦争開戦前の同年12月には全員が無事解放されました。
　しかし解放された邦人人質からは、米国・英国・ドイツ等の政府・在外公館の対応に比較して日本政府・在外公館の邦人保護対応が様々な面で後手に回っていたことなどに対する厳しい批判・不満が噴出しました。

―――― 官民における「海外危機管理」体制見直しの契機に ――――

　社団法人（現・一般社団法人）日本在外企業協会は、1991年6月、人質経験者に対するアンケート等をもとに「湾岸危機を契機とする緊急提言」をまとめました。この提言が、日本政府および海外進出企業における、海外危機管理体制の見直しを促したことは言うまでもありません。

4章

4 海外で事件・災害等が発生した場合の本社の対応を教えてください
―「最低限」の海外危機管理体制の構築（2）―

　海外で事件・災害等が発生した場合，本社はその対応のためどのような情報収集が必要でしょうか。

ポイント

「海外危機情報サービス」の活用が不可欠です。

企業が行うべき海外情報収集活動（本社・海外拠点）

　第3章の海外危機管理マニュアルや本章3でも述べてきましたが，海外危機管理担当部門は，海外の様々な危機・リスクに関する情報を平常時から収集していく必要があります。この際，本社と海外拠点で情報収集活動を適切に分担・協力して進めることが非常に重要です。たとえば本社は，外務省等の政府機関やシンクタンク・コンサルティング会社等が日本で本社向けに開催するセミナー等に参加し，様々な最新情報を入手することができます。これらの情報のなかには，海外現地では入手できないものもある場合があります。一方，海外拠点は現地でしか入手できない情報を収集することができます。たとえば在外公館，現地の日本商工クラブ・日本人会等の日系企業同士の集まり，パートナー企業等の現地企業，現地の取引先，現地政府機関等です。これらの組織と平常時から人的な付き合いを強化しておくことで，入手できる情報があるはずです。

　このように本社は本社，現地は現地の特性を活かして情報収集を行い，それぞれお互いに共有することで，国・地域のリスクに対する，会社としての理解をより正確なものにすることができます。

102

本書をご購入いただいた方へ感謝の気持ちを込めて
特別無料セミナー開催

『海外危機管理ガイドブック
―マニュアル作成と体制構築―』

不定期の開催となります。
セミナーの日程、申込み方法などの最新情報はこちらよりご確認ください↓↓

http://www.tokiorisk.co.jp/seminar/kaigai.html

本書をテキストに、
海外危機管理体制の構築・強化を
目指すためのお役立ち情報を、
著者が直接ご提供します！

☛ 「本書を効果的に使用したい」
☛ 「海外危機管理は取り組むべき課題だが、
　　何から手をつけてよいかわからない…」
☛ 「今現在の海外リスクを知りたい！」

などのお声にお応えします。

ビジネスリスク本部
マネージャー／主席研究員
深津　嘉成

主催：東京海上日動リスクコンサルティング株式会社
（お問合せ）kikiweb.kanri@tokiorisk.co.jp

情報誌『リスクマネジメント最前線』、『TRC EYE』など、
海外危機管理および海外リスクマネジメントに関する情報が満載です。
ぜひご活用ください。　http://www.tokiorisk.co.jp/risk_info/index.html

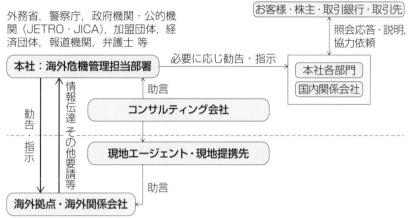

情報収集活動における情報源とアウトソース先

　海外危機管理の観点で収集すべき情報は多岐にわたります。これらの情報収集活動は，適切な情報源や外部へのアウトソースをうまく活用することで，より省力化・効率化できます。

　海外における駐在員等の安全に関する情報について，信頼性が高く，非常に充実しており，かつそのすべてが無料で入手できるのが，外務省が「海外安全ホームページ」を通じて提供する情報です。外務省は近年，邦人の海外渡航者向け情報サービスの大幅な拡充を図っており，企業としては「たびレジ」（105ページ参照）を含む「海外安全ホームページ」の情報コンテンツをフル活用することが望まれます。中堅・中小企業で進出国が限られる場合であれば，これらだけで概ね十分な情報を収集できると言えます。

一方，多くの国・地域に事業を展開する企業は，外務省情報だけでは若干不足する場面が生じてきます。たとえば「安全に注意すべきであることはわかったが，どの程度の危険度か，現地での事業を継続できるのか，一部事業を制限すべきか，事業を停止すべきか，がわからない」「企業として何を実施すべきかがわからない」等の場面です。これらの必要に対してはコンサルティング会社等が提供する情報サービスやコンサルティングが有効です。たとえば東京海上日動リスクコンサルティングが提供する「海外危機管理情報提供サービス」に加えて，個別相談に答える「簡易コンサルティング」などを組み合わせて活用する例も挙げられます。

第4章 海外危機管理体制を構築する

海外危機管理のためのニュースサービスとは？

——— まずは「たびレジ」の活用を！ ———

　海外危機管理のためのニュースサービスとして，まずおすすめしたいのが，外務省が提供する「たびレジ」の「簡易登録」です。「たびレジ」は，海外出張等で海外へ渡航する邦人が，旅行日程・滞在先・連絡先等を登録すると，滞在先の最新の海外安全情報や緊急事態発生時の連絡メールなどが受け取れるシステムです。外務省の次のページから無料で利用できます（https://www.ezairyu.mofa.go.jp/tabireg/）。

　「たびレジ」には「簡易登録」というサービスがあり，海外渡航予定はないが海外安全情報を入手する必要のある企業・団体関係者等向けに，メールアドレスと国・地域を指定するだけで，対象国・地域の最新海外安全情報メール，在外公館が発出する緊急一斉通報を入手することができます。まさに海外危機管理担当者には最適のサービスなのです。こちらも上記ページから無料で利用できますので，是非試してみてください。

——— その他に何が必要か？ ———

　その他，「一般社団法人海外邦人安全協会」「一般社団法人日本在外企業協会」等，会員向けに海外安全に関するメールサービスを提供する団体等があります。また有料サービスとなりますが，コンサルティング会社や通信社，旅行会社等が，海外情報を配信するニュースサービスを提供しています。これらのサービスは，プラスアルファの情報収集手段として活用されている例も多くあり，公表されるレポートは発生した事象のみならず，企業としての対策などが記載されていたりと，出張制限要否等，企業としての判断・意思決定にも活用しやすいと思います（たとえば「海外危機管理情報提供サービス」（東京海上日動リスクコンサルティング）などを参照してください）。

4章
5 海外で事件・災害等が発生した場合の本社の対応を教えてください
―「最低限」の海外危機管理体制の構築（3）―

海外で事件・災害等が発生した場合，どのように駐在員等の所在確認をすれば良いでしょうか。

ポイント
「渡航管理」と「安否確認体制」が不可欠です。

所在確認のための渡航管理の重要性

海外危機管理を考えるうえで，駐在員等の所在確認は，重要かつ大変基本的な要素です。駐在員等の所在確認ができていないと，大規模なテロや大地震等が海外で発生した際，その国・都市に滞在している社員が何人いるのか（いないのか），などが速やかに把握できません。

インドネシア・スマトラ島沖で2004年12月26日に発生した「スマトラ島沖地震」（マグニチュード9.1）では，タイ・プーケット島など周辺国のリゾートを休暇で訪れていた企業の駐在員・帯同家族が多数，被災し，長期間にわたって所在が確認できず，行方不明の状態となりました。

フィリピン中部を襲った2013年台風30号「ハイエン」においても，最大瞬間風速90m/sという猛烈な台風とそれに伴う高潮の被害により，現地のインフラが寸断され，複数の邦人の安否がしばらく確認できない状況となりました。

求められる渡航管理の方法

このような不測の事態発生に備え，企業としては，駐在員等の所在を常に確認できる仕組みを構築する必要があります。

（1）出張者の渡航管理方法

出張者の渡航管理を行うためには，社内の「海外出張申請」等を活用し，

申請時に危機管理上必要となる情報を必ず入力させ，海外危機管理担当部門で一括管理する方法が考えられます。

> 事例　出張者の渡航管理（A 社の例）
> 海外出張申請と航空券・宿泊先等手配を，独自システムで一元化し，すべての海外出張は部署・役職にかかわらず，同システムを経由することとしている。システムにおいては，危機管理上必要な情報として，①利用航空便名（日本との往復のみならず，海外－海外，渡航先国の国内便も含む），②期間中すべての日程の宿泊先名，③出張期間中の連絡手段（携帯番号等），の入力を義務付けている。

(2) 駐在員・帯同家族の渡航管理方法

駐在員の赴任国内での出張や，近隣国への出張についても，少なくとも拠点の責任者または本社の事業部門などが，①（航空機を利用する場合）航空便名，②宿泊先名，③連絡手段，などを常に把握しておくことが望まれます。さらには，休暇中の旅行先等の情報についても，駐在員・帯同家族の同意を前提として，任意で会社への報告を求めている例があります。

安否確認体制の例

海外危機管理マニュアルにも記載しましたが，海外危機管理担当部門はどのような場合に安否を確認すべきかを明確化し，情報を察知したら速やかに安否確認の指示が出せるよう，準備しておく必要があります。あわせて，通常の通信手段が使用できない事態も想定し，各駐在員等に対して，不測の事態が発生し，会社と連絡がとれない場合は，自ら代替の方法を探し，会社へ連絡をする，などの行動要領を徹底しておく必要もあります。

大人数の場合は，安否確認システムの導入検討も考えられます（例：セコム社「セコム安否確認サービス GS（グローバル・サテライト）」，ジョルダン社「危機管理ツール：ハザードバスター」　等）。

107

企業における海外出張手配のあり方

—— 海外出張手配における課題 ——

　皆様の会社では海外出張の航空券やホテル等はどのように手配されているでしょうか？　比較的大きな企業であっても，これらの手配は各部門の判断に委ねられており，部門ごとにまちまちの旅行会社やネット事業者を利用しているケースなども散見されます。しかし海外出張では，気象条件等により航空便が遅延・欠航したり，ホテルのダブルブッキングが発生したり，と不測の事態が発生しやすく，柔軟な対応が可能な事業者でないと思わぬ不便が発生しがちです。

　企業のグローバル化が進展し，会社全体としての海外出張の頻度が増え，渡航先も多様化してくると，出張のための航空券・ホテル手配の手間も徐々に膨大になってきます。企業としては，本文で述べた「渡航管理」以外に「経費の節減」「手配業務の効率化」等も大きな課題となります。

—— ビジネストラベルマネジメント ——

　これらの課題を解決するものとして，近年「ビジネストラベルマネジメント」というサービスが登場しています。企業の海外出張手配に強みを持つ旅行会社が，必要な航空会社やホテルの選定・予約・手配を一括で請負うことで，企業の統一された基準に基づく手配を実現し，渡航費用の最小化を図る，というものです。事業者によっては専用の渡航管理システムを企業に提供し，日本出発のみならず海外から海外への渡航手配も一括化できる全世界ネットワークを提供する例もあります。

　こうしたグローバル一括手配システムに，「たびレジ」登録機能や独自のトラッキングシステム（渡航者の所在を把握するシステム）を組み込んで提供する例もあります。こうしたシステムを活用することは，渡航管理の徹底の観点でも非常に効果的と言えます。

海外危機管理の観点における通信手段

── 海外危機管理における通信手段の重要性 ──

　海外においては，駐在員等が通信手段を24時間365日，常時確保することが非常に重要です。現地語が堪能でない駐在員等が通信手段を失うと，助けをよぶこともできず，大変な状況に陥りかねないことは容易に想像できます。事故や犯罪被害に遭うなど，人命に関わる事態となることさえあり得ます。駐在員等には，常に当該地域で利用可能な携帯電話を所持させ，バッテリー確保を含め常時通信可能な状況を確保するよう徹底することが重要です。

　たとえば過去に，診療所で特定の感染症の可能性ありと診断され，直後に有無を言わせず当局が指定する郊外の隔離病院に移送されてしまい，会社や家族と一切連絡がとれなくなった，という事例や，何らかの理由で当該国の警察等治安当局に拘束されてしまい，現地語が不自由なため，同様に長時間連絡がとれなくなった，という事例があります。これらの事例では，無事その後に所在が判明していますが，しばらくは行方不明として関係者が大変な労力をかけて捜索する事態となっています。海外では「通信手段は生命線である」ということを各自に繰り返し徹底しておく必要があります。

── 災害時，緊急時の通信手段 ──

　地震・洪水等の大規模災害で通信インフラが破壊される，またはテロ・政変により当局が強制的に通信を遮断するなどにより，電話回線，インターネットが使用できない事態も想定されます。こうした事態を想定し，企業の重要拠点には衛星携帯電話・ルーターを配備する例があります。また外務省では，衛星携帯電話等がない場合の最低限の情報収集手段として，短波放送に対応した短波ラジオの保有をすすめています。

海外での医療機関利用における留意点について教えてください
―「最低限」の海外危機管理体制の構築（4）―

駐在員等が，現地でケガや病気で医療機関を利用する際，どのような点を留意すべきでしょうか。

ポイント
「海外旅行保険」の付帯は必須です。

海外で医療機関を利用する邦人は増えている

海外渡航者の増加に伴い，海外でケガや病気で医療機関を利用する邦人は増加傾向にあります。外務省「2016年（平成28年）海外邦人援護統計」（2017年12月11日発表）は，2016年1月から12月末までの間に，在外公館等が取り扱った海外における邦人の事件・事故等に関わる援護対応の件数を集計したものです。事件・事故件数，援護人数の過去の推移をみるといずれも増加傾向が続いていることがわかります。

本統計のなかで，海外での邦人「死亡者数」を原因別にみると，1年間で504人の死亡者のうち，疾病等による死亡が384人で約8割（76.2%）を占めています。

海外危機管理を考えるうえで，年間の死亡者の4分の3以上が疾病等で亡くなっているという事実は，念頭に置いておく必要があります。つまり，テロや自然災害などよりも，疾病の方がより身近に起こり得るリスクと言えます。

海外における医療機関利用における問題（医療費）

海外での医療機関利用につき，米国など先進国においては医療費が非常に高額になるおそれがあり，注意が必要です。米国では一般的な盲腸手術

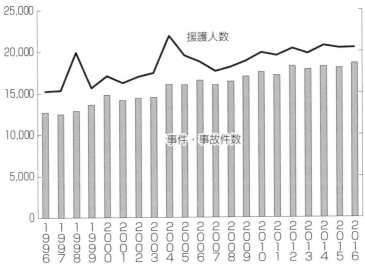

出典：外務省「2016年（平成28年）海外邦人援護統計」

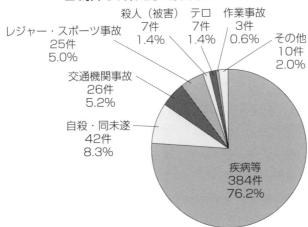

出典：外務省「2016年（平成28年）海外邦人援護統計」

でも数百万円かかるとされ，入院や高度な医療が必要な病気の場合，1,000万円以上かかってしまうこともあります。

　医療費の問題の解決策としては，損害保険会社各社が提供する「海外旅行保険」への加入が有効となります。

海外旅行保険の一般的な補償内容と付帯サービス

　海外旅行保険の補償内容は各保険会社により異なりますが，一般的には以下のような補償内容が含まれます。

- ◆病気やケガの死亡・後遺障害の補償
- ◆病気やケガの治療費用
- ◆第三者に対する賠償責任
- ◆携行品損害（腕時計，カメラなど持ち物の破損や盗難の補償）
- ◆救援者費用（捜索救助費用，家族が現地へ渡航する費用などの補償）
- ◆航空機寄託手荷物遅延費用（手荷物が届かないことによる追加費用などの補償）
- ◆航空機遅延費用（航空機遅延等による追加費用などの補償）
- ◆緊急一時帰国費用
- ◆入院一時金

さらに保険の付帯サービスとして，多くの保険会社が事故対応サービスを提供しています。24時間対応のコールセンターがあり，世界中どこからでもフリーダイヤルで電話を掛けられ，日本語で応対する例が一般的です。万一，加害事故を起こしてしまい，損害賠償が必要になったなどのトラブル時にも対応の相談をすることが可能です。

　保険会社の提携病院であれば，現金不要のキャッシュレスで治療を受けることができるサービスを提供する例もあります。

　保険加入時には補償内容，免責事項（保険金が支払われない場合）とあわせて，これらの付帯サービス内容を含め，詳細を確認することが重要です。

知っておきたいポイント 「海外邦人援護統計」における疾病等での援護件数

　外務省「2016年（平成28年）海外邦人援護統計」によると，疾病等（傷病）による援護件数は，1年間で761件でした。対象者の性別をみると，男性559件（73.4％），女性151件（19.8％），不明51件（6.7％）と男性が7割以上を占めます。滞在形態区分では，在留邦人448件（58.8％），短期滞在242件（31.8％），不明71件（9.3％）となっています。

　地域別には，アジアが517件（67.9％）と全体の7割近くを占めており，欧州95件（12.5％），北米69件（9.1％）が続いています。

　また年齢別にみると，年齢が上がるほど件数が増加する傾向がみられ，下記年齢区分では70歳以上が221件（29.0％）と最多となっているほか，60歳以上が413件（54.2％）と半分以上を占めています。

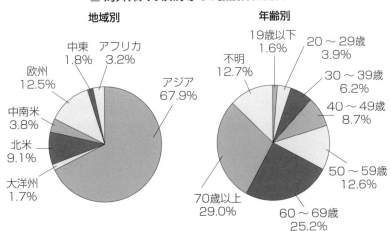

■ 海外邦人の疾病等での援護件数割合 ■

出典：外務省「2016年（平成28年）海外邦人援護統計」

4章

7 駐在員等が急病や死亡，または政変等に巻き込まれた場合の対応を教えてください
―「最低限」の海外危機管理体制の構築（5）―

以下の事例に際し，どのような対応が必要でしょうか。

---

1. 社員がベトナム出張中に脳内出血で倒れたとの一報がありました。現地医療機関への入院，治療，日本への搬送手配をどうしますか？
2. 東南アジアのＡ国で反政府暴動が急速に過激化し，首都内が非常に危険な状況となっています。現地駐在員から国外への退避要望が出ていますが，本社としてどのように対応しますか？

ポイント

「海外医療アシスタンスサービス」が必要です。

海外における医療機関利用における問題（医療機関の選定）

海外での医療機関利用における問題としては，医療費が高額になる点のほかに，受診等における言葉の問題，適切な医療機関選定の問題があります。

これらはとくに，新興国・途上国で深刻な問題となり得ます。英語が問題なく通じる国であればまだ良いのですが，中国・韓国やタイ，インドネシア等の東南アジア各国では，一定レベル以上の医療機関でも英語が通じないことが多く，現地語に堪能な邦人は非常に限られます。不自由な言葉での受診は，思わぬ誤解や誤診の原因にもなり得ます。

また，国によって医療事情が大きく異なるなか，症状によって適切な医療機関を選定することは意外に難しい場合が多くあります。中国の北京・上海等，在留邦人が多い大都市では日本語が通じる邦人向け診療所等がありますが，そういった診療所は医師の人数や医療機器・設備が限定され，病状によっては必ずしも最適な医療機関ではない場合があります。

114

これらの問題を解消する心強いサービスが「海外医療アシスタンスサービス」です。海外医療アシスタンスサービスは，前述した海外旅行保険の付帯サービスとして提供される場合もありますが，アシスタンスサービス会社と別途直接契約を結ぶことで，海外旅行保険が適用されない場合も含めて，包括的な支援を受けることができます。

■ 海外医療アシスタンスサービスの主な内容(例) ■

◆24時間365日，日本語で，駐在員等からの電話での相談に対応する「サポートデスク」を提供する
◆病気・ケガ，窃盗等の犯罪被害，トラブル発生時の対応に関する相談対応を行う
◆付近の病院の紹介や受診手配を支援する
◆医療費の支払保証手配を行う
◆治療中の経過観察・企業本社への報告を行う
◆日本や第三国への患者搬送が必要な場合の各種手配（航空便手配，付添医師や看護師の手配，車椅子手配など）を行う
◆（死亡の場合）遺体搬送のための各種手続き・手配を支援する

政変・自然災害等への対応

　事例に書いたような，急激な政情の悪化や大規模自然災害等が海外で発生した場合，駐在員等を現地から国外退避させる必要が生じる場合があります。国外退避の考え方，手順等は，第3章の「海外緊急事態対応マニュアル（本社用）」の「Ⅵ. 緊急退避要領」に記載しましたが，状況によっては，たとえば政情悪化により国際便の発着が止まってしまうなど，国外退避の手段が制約を受ける場合が考えられます。

　海外医療アシスタンスサービス会社のなかには，こういった事態の際に，要望に応じて，専用チャーター機の手配等を行い，退避を支援することを謳う会社もあります。本来は企業として，できる限り安全に航空便が利用できるうちに退避する，または安全な退避が困難な場合は，安全な籠城場所を確保する，などの対応が求められますが，万一の備え，選択肢の1つ

としてこうした会社とあらかじめ契約を結ぶことも一案です。

24時間365日対応サポートデスクの活用例

　海外医療アシスタンスサービスにおいては，一般的に24時間365日対応のサポートデスクを用意しています。海外での危機発生は曜日や時間を選んでくれません。地震・津波・噴火等の突発的自然災害，政情の急激な悪化や大規模な事件等，夜中に重大な災害・事件・事故が発生する可能性もありますし，時差の関係から日本が休日や夜中でも，迅速に対応を迫られる場合があります。本来であればこれらの事態に迅速に対応するため，本社側に交替制で24時間，緊急時対応担当を待機させることが求められますが，会社規模等から難しい場合には，こういったサポートデスクに，危機の初期対応の役割を依頼することも検討できます。

　世界中のどの国からでも，駐在員等が手軽に電話ができるサポートデスクを確保しておくことで，災害等で現地の通信手段が影響を受け本社との通信が困難となった場合に，代替通信手段の1つとして活用することも期待できます。

アシスタンスサービス会社を選ぶ際のポイント

―――― 標準的なアシスタンスサービスの内容 ――――

　本文で述べた「海外医療アシスタンスサービス」を提供する会社を一般に「アシスタンスサービス会社」とよびます。企業のグローバル化が世界的に進展するなかでアシスタンスサービスの需要は高まっているようで，現在多くの会社がサービスを提供しています。会社により少しずつ強みなどが異なるのですが，一般的には，①24時間365日のサポートデスク，②海外医療アシスタンス，③政変・自然災害等に対応するセキュリティアシスタンスを柱とし，情報提供サービス，出張者等の所在を把握するトラッキングサービス，医療相談サービス等の関連サービスを提供する例が多く見られます。

―――― アシスタンスサービス会社の選び方のポイント ――――

　アシスタンスサービス会社の評価はネットワークと実績で決まります。各国・地域にいかに多くサービス要員を配置，または良質の提携サービス会社を確保し，良質な提携医療機関を確保しているかが，サービスの質を決定します。このため，特定の地域（たとえばアジア地域）を重点対象としてサービス拡充を図る会社と，世界中の主要都市・地域をカバーする範囲の広さを売りにする会社，新興国・途上国等，より環境の厳しい場所での対応を得意とする会社等，それぞれ特長があります。

　企業としては，自社のサービス利用の主目的を明確化し，サービス提供会社の選定を行う必要があります。アジアの新興国等で現地語が不自由な駐在員等の医療サービス向上を主目的とするのか，途上国・危険地域の政変・自然災害等発生時のセキュリティ対応強化を主目的とするのか，によって選択肢は異なってくるわけです。

4章

8 駐在員等が誘拐等の被害に遭った場合の対応を教えてください
―「最低限」の海外危機管理体制の構築（6）―

以下の事例に本社が対応するため，どのような「最低限」の海外危機管理体制が望まれるのでしょうか。

> メキシコ駐在員から連絡があり，昨日から行方不明となっていた同国駐在の〇〇現地法人社長について，犯人とみられる者からの連絡が現地法人へ入ったと報告がありました。犯人は身代金300万USドルを要求しているようです。本社としてどう対応しますか？

ポイント

「専門コンサルティング会社」と発生時対応をあらかじめ準備することが重要。

誘拐事件は他人事ではない

海外では邦人を含む外国人を狙った誘拐事件が多数発生しており，報道されなかった事件や未遂に終わった事件を含めればさらに多くの事例があると言われます。近年では国・地域によって，イスラム過激派系テロ組織が組織的な身代金誘拐を主要な資金源としていると推定されるなど，多くの地域で留意すべきリスクの1つです。

誘拐対応の難しさ，求められる専門性

自社の駐在員等が万一，誘拐の被害者となった場合，会社としてどのように対応すべきか，準備はできているでしょうか？　誘拐，とくに身代金誘拐には非常に特殊な対応が求められるため，周到な準備が求められます。たとえば，以下のような場面で，企業として慎重かつ専門的な判断が求められます。

（1）警察への通報の可否，タイミングの判断

誘拐には様々な形態があり一概には言えませんが，特定の邦人幹部，社

員等を狙った誘拐の場合，当初は，当該幹部・社員が「行方不明」という状態からスタートします。社内での捜索にもかかわらず行方が確認できない場合，いずれかのタイミングで現地警察に捜索を依頼することになりますが，国・地域によっては警察の信頼度（モラル，情報管理レベル，事件対応能力等）が低い場合もあり，通報そのものに慎重さが求められます。外務省では状況により，現地警察への通報の前に在外公館への相談をすすめています。

（2）犯人への対応，人質解放交渉

行方不明者について犯人から電話や手紙等により，身代金を要求する脅迫があれば，誘拐事件と判断し，対応を開始することとなります。身代金誘拐への対応は，犯人が何者かわからない，所在もわからない圧倒的な不利な状況のなかで人質生還に向けた交渉を強いられるため，非常に慎重かつ専門的な知識・経験に基づく対応が求められます。

（3）情報管理や外部対応

誘拐事件への対応は，非常に厳格な情報管理が求められます。被害者の会社での役職や会社の対応態勢等の情報が，犯人側に漏れれば，会社にとって交渉が非常に不利になるだけでなく，便乗犯などを誘発するおそれもあります。また万一誘拐発生の事実が漏れ，現地マスコミ等が動き出した場合，非常に難しい対応を強いられることとなります。

専門コンサルティング会社の起用と事前準備

このような観点から，誘拐リスクへの対応は，現地における誘拐対応の経験が豊富な，専門のコンサルティング会社を起用することが有効です。専門コンサルティング会社のなかには，グローバルなネットワークを持っている例もあり，本社と現地での対応を包括的に支援する例もあります。こうした会社と平常時からコンタクトし，万一の事態発生時に円滑に支援が受けられるよう，十分な協議・準備をしておくことが求められます。

海外での邦人誘拐事件

　世界では多数の誘拐事件が発生しており，正確な統計はありませんが，一説によると年間約2.5万件に達するとも言われます。外務省資料によると，以下のとおりの邦人誘拐事件が確認されています。

発生時期	国・地域	結果	概要
2006年4月	フィリピン	生還	マニラ首都圏在住の**邦人女児**が誘拐され，2日後に無事解放された。
2007年4月	パラグアイ	生還	首都アスンシオンに向かう国道で**邦人男女（2人）**が誘拐されたが，それぞれ8日後，18日後に無事解放された。
2007年10月	中国	生還	広東省深セン市にて金銭要求を伴う**邦人男性**誘拐事件が発生，翌日，無事保護された。
2007年10月	イラン	生還	イラン南東部を旅行中の**邦人男性**が何者かに拘束され，翌年6月に無事解放された。
2008年7月	フィリピン	生還	マニラ首都圏にて**日系2世幼児（日本国籍）**がフィリピン国籍の母親の友人に誘拐され，5日後に無事解放された。
2008年9月	エチオピア	生還	東部ソマリ州オガデン地方で国際NGOの**派遣専門家2人（邦人1人，オランダ人1人）**が誘拐され，ソマリアに連行・拘束され，翌年1月にソマリアにて無事解放された。
2008年9月	南アフリカ	生還	出張中の**邦人男性**が誘拐され，2日後に無事解放された。
2009年9月	インドネシア	**死亡**	バリ島クタ・レギャン地区の宿泊先から**邦人女性**が，警察官を装った男に連れ去られ，その後遺体で発見された。
2010年3月	コロンビア	生還	**在留邦人1人**が誘拐され，8月15日に無事解放された。
2013年12月	フィリピン	生還	首都マニラにて，**在留邦人1人**が誘拐され，3日後に無事解放された。

出典：外務省領事局邦人テロ対策室「海外における脅迫・誘拐対策Q&A」（平成26年1月）をもとに筆者加工（危険地域（イラク，シリア，アフガニスタン，イエメン）発生の例を除いています）

施設襲撃の典型例
～ペルー大使公邸占拠事件（1996-1997年）～

── 施設襲撃・人質拘束事件の典型例 ──

　単独で発生する誘拐被害と異なり，より複雑な対応が求められる事件形態が，特定施設が武装集団等に襲撃・占拠され，駐在員等が人質として拘束される事態です。2013年に発生したアルジェリア人質事件はまさにその事例と言えますが，過去に邦人が被害に遭った占拠・拘束事態としては，1996年に発生したペルー大使公邸占拠事件が挙げられます。

── ペルー大使公邸占拠事件の推移 ──

　同事件は1996年12月17日，在ペルー日本大使公邸を左翼武装組織MRTA（トゥパクアマル革命運動）メンバー14人が襲撃し，日本の特命全権大使，日本企業駐在員ら約600人を人質にとり，逮捕メンバーの釈放，安全退避の保証，政策転換，身代金支払い，の4つを要求したものです。

　即時武力突入解決を主張したペルー政府に対し，日本政府が「平和的解決」を要請，ペルー政府が配慮した結果，事態は長期化しましたが，最終的には翌年4月22日，同国特殊部隊による突入作戦の実行により犯人は全員射殺され，収束しました。

── 企業として求められる対策 ──

　占拠・拘束事態については，事態解決は現地の治安当局主導で行われるのが一般的なので，企業としては治安当局が到着するまでの初動段階で避難・退避等により被害を極小化する対応と，被害者やその家族への対応，治安当局や日本政府等との折衝対応，マスコミへの広報対応等が主な対応となります。いずれにしても万一発生した場合に複雑な対応が求められる事態として，危機管理の観点で備えておく必要があります。

危険地域へ渡航・滞在する場合の対応を教えてください
―「最低限」の海外危機管理体制の構築(7)―

以下の事例に際し,どのような対応が必要でしょうか。

> 外務省危険情報「レベル3」の〇〇国へ社員が出張することとなりました。現地での安全対策として,どのような手配を行いますか?

ポイント
「危険地域専門警備コンサルティング会社」の活用が求められます。

危険地域において求められる警備

　外務省危険情報「レベル3」以上が発出されている国・地域へは原則,渡航しないことが一般的な企業の対応です(危険情報については第6章**12**を参照)。一方,一部業種(プラントエンジニアリング,建設・土木等)においては,こうした国・地域においてビジネス目的による渡航の必要性が生じる場合があります。また「レベル2」以下の国・地域であっても,状況・場所によっては厳格な警戒・警備が必要と判断される場合もあります。こうした状況下での活動においては,当然ながら平常時を大きく上回る警備体制が求められます。

　ここではこのような危険地域で活用される,警護手段の例を紹介します。

警備計画と警備に関するコンサルティングの重要性

　危険地域における警備は,当該地域における経験豊富な警備会社,警備コンサルティング会社等により,周到な事前調査と適切な警備計画の策定,十分な経験・能力を持つ警備要員の確保を含む警備体制の確立が必要です。危険地域での警備は言うまでもなく,対象者の生命に関わる重要な要素です。危険地域での治安情勢は時々刻々と変化することが多く,また

襲撃者側も警備の状況を注視し，警備の「穴」つまり脆弱な点を突こうと狙ってきます。

この観点で状況を的確に予測し，最適な警備対応を行っていく必要があるため，それらに対応できる十分な能力を持つ警備会社を選定することが重要となります。

■ 危険地域での警護手段・サービスの例 ■

警護手段・ サービス（例）	想定状況	機能（例）
レスキュー サービス	事故・急病・ トラブル	あらかじめ配布されるカード表示の緊急連絡先へ連絡することで，24時間365日，緊急時のアドバイス・現場救援サービスが受けられる。
GPSリアルタイム 位置把握サービス	危険地域での行動	準リアルタイムでの位置把握，緊急時の対象者の手動操作不要で現場救援サービス等を実施する。
車載型緊急コール サービス	襲撃・拉致	緊急時に利用者が座席下等のスイッチを押すことで，監視センターへ連絡が行き，現在位置・車内音声等が自動送信される。
防弾ベスト	銃器・爆弾等 による襲撃	銃弾・爆発による破片などから身体を防護する。
防弾車（軽装備）	銃器・爆弾等 による襲撃	拳銃，散弾銃の防弾性能，タイヤ被弾走行機能，通信機能等を備える。
タクティカル ドライビング	銃器・爆弾等 による襲撃	襲撃回避・現場離脱のための運転テクニック。詳細な現地地理知識により対象者を安全圏へ確実に到達させる。
防弾車（重装備）	路肩爆弾・重火器 等による襲撃	襲撃銃・手榴弾の防弾性能，車両衝突・小規模路肩爆弾への耐性，通信機能等を備える。
前後尾車両警備	武装勢力等， 複数車両による 襲撃	襲撃車両の接近を阻止し，警護対象車両の可動性を確保する（チーム走行）。
コンボイ ドライビング		チーム走行時の退避行動テクニック。

施設襲撃事例の教訓
～アルジェリア人質事件（2013年）～

─── アルジェリア人質事件の検証レポート ───

　北アフリカのアルジェリアにおいて2013年1月16日に発生した，天然ガスプラント襲撃事件では日本企業社員10人が犠牲となりましたが，米国，英国，ノルウェー等の欧米人も多数，人質被害に遭い，欧米社会においても衝撃を与える事件となりました。被害企業の1つ，ノルウェーのエネルギー企業「スタトイル」は本事件被害を深刻に受け止め，経営層の指示のもと調査チームを組織し，同事件発生を企業の危機管理の観点から詳細に調査・検証させ，レポートを公表しました。

─── なぜ被害が発生し拡大したか ───

　同レポートのなかで調査チームは，再発防止を目指す観点から，非常に厳しい目で自社の危機管理体制の問題点を詳細に検証し，事件被害の発生・拡大を招いた要因として以下のような問題点を抽出，指摘しています。
1. 拠点のセキュリティ対策が今回のような規模の攻撃に持ち応え，遅らせるように構築されていなかった
2. 大規模な武装勢力が施設に到達するシナリオを想定していなかった
3. 不安定かつ複雑な環境下での操業に伴うリスクへ対処する，会社としての全体的な能力・文化をさらに強化する必要があった，など。

─── 教訓と企業に求められる対策 ───

　調査レポートは「事件は防げなかった」とするのではなく，「防ぐためには何が必要なのか」を追求することの重要性を強調し，企業としての危機管理体制の強化を改めて訴えています。危険地域で事業を行う企業としてはこうした事例の検証・教訓に学び，今後の危機管理体制強化に活かす姿勢が不可欠であると言えます。

第5章

海外危機管理体制を強化・維持する

「海外危機管理体制」強化・維持のポイントを教えてください

海外危機管理体制は、なぜ形骸化しやすいのか

　海外危機管理体制は、「形骸化」しやすいものです。なぜなら、**テロや大規模自然災害など、海外危機管理が想定する「危機」は、実は滅多に発生しない**からです。しばらく大きな事件がないと、多くの人が危機意識を忘れ去ってしまい、マニュアルは忘れられ、ルールは骨抜きになってしまいがちです。第4章6で紹介したとおり、全体からみれば「テロ」「自然災害」で亡くなる邦人の数は非常に少ないのです。これらの被害は滅多に発生しないため、放っておくと、備えの大切さが忘れられます。しかし形骸化した海外危機管理体制では、いざというとき、まったく機能しません。

地震対策との共通点と違い

　かつて日本において、「地震対策」がまさにこのような状態でした。日本は地震国です。しかし、1995年の阪神・淡路大震災で関西圏の多くの企業が被災した際、「地震対策マニュアル」を持っていない企業が多く、また持っていた企業でも平常時に十分なマニュアルの周知・教育・訓練等が行われていなかったため、実際に機能しない例が多数みられました。

　しかしながらその後、新潟県中越地震（2004年）、新潟県中越沖地震（2007年）、そして東日本大震災（2011年）を経て、多くの企業が平時の備えの大切さを実感した結果、現在では地震対策や災害発生時を想定した事業継続マネジメント（BCM）に熱心に取り組んでいます。

　残念ながら海外危機管理については、日本企業において、まだ地震対策ほど危機意識が浸透していない、というのが実情といえます。

形骸化を防ぐには

形骸化を防ぐうえで重要なポイントは，海外危機管理に関する危機意識を社内に維持することです。

過去20年程度を振り返ってみても，日本企業全体では海外で多くの「危機」事例に直面しており，本来はこれらの教訓から常に学ぶべきなのです。

■ 過去20年に海外で発生した主な「危機」の例 ■

発生年	国・地域	概要
1998年	インドネシア	ジャカルタ暴動
2001年	米国	同時多発テロ
2003年	中国・香港等	SARS（重症急性呼吸器症候群）の流行
2004年	インドネシア	スマトラ沖大地震
2005年	英国	ロンドン同時多発テロ
2006年	タイ	クーデター発生
2007年	インド	ムンバイ同時多発テロ
2008年	中国	四川大地震
〃	タイ	バンコク国際空港封鎖事件
2009年	全世界	新型インフルエンザA（H1N1）の流行
2010年	中国	日系企業におけるストライキ多発
2011年	タイ	大規模洪水被害
2012年	中国	大規模反日暴動
2013年	アルジェリア	LNGプラント襲撃事件
〃	エジプト	クーデター発生
〃	フィリピン	台風30号「ハイエン」
2014年	タイ	クーデター発生
2015年	フランス	パリ同時多発テロ
2016年	バングラデシュ	ダッカ襲撃テロ
〃	トルコ	クーデター未遂事件
2017年	米国	ラスベガス銃乱射事件

形骸化を防止し，海外危機管理体制を強化・維持していくためにとくに必要な活動は，(1) 経営トップの関与を引き出す，(2) 教育・訓練の実施，(3) 継続的改善，の3つです。本章 **2** 以降では，これら3つの取組みの進め方を順に解説していきます。

海外危機管理体制の強化・維持（1）
―「経営トップの関与」を引き出すためのポイント―

経営トップが関与している会社，していない会社の違い

　海外危機管理体制を構築するうえで，非常に重要なポイントは，経営トップ（一般的には社長）が海外危機管理体制の整備・維持に関与しているかどうか，です。要は，駐在員等の安全対策に経営トップが関心を持ち，きちんと担当者を置き，体制整備をサポートしているか，ということです。

　ある会社から「海外危機管理体制の構築をしたい」という相談を受け，確認したところ，数年前にも同じ相談があり，数ヶ月かけて海外危機管理マニュアルの作成を支援していたことがわかりました。そこで，「以前に作成したマニュアルは，今，どのように利用されていますか？」と聞いたところ，担当者から「そんなことがあったのですか？　なにぶん，当時の担当がもういないためわからないのですが，**そんなマニュアルはみたことがありません**」という回答があり，驚いたことがありました。

　詳細な経緯はわからずじまいでしたが，いずれかのタイミングで，マニュアルが後任の方に引き継がれず，作成されたマニュアルは社内で完全に忘れ去られてしまったようでした。

経営トップの関与がないと，海外危機管理は「属人化」しやすい

　海外危機管理の取組みは，「専門性が求められる」と思われがちで，社内で特定の方に長期間，一任される傾向があります。特定の方が長年担当されると「海外危機管理はあの人しかできない」と思われるため，ますます交替が難しいとみられ，担当期間が長期化することもあるようです。

　海外危機管理の経験とノウハウを特定の方が収集・蓄積し，それを活かして海外危機管理体制を運用することは会社として大きなメリットがあり，

当然悪いことではないと思います。ここで注意すべきは，海外危機管理のノウハウを社内で完全にブラックボックス化，「属人化」としないようにすることです。

そのためには，経営トップが海外危機管理の重要性を深く理解・認識し，適切な経営資源投入を行うことが不可欠です。特定の担当者がいなくても適切な海外危機管理対応ができるよう，代替要員を用意する，将来に向けて後任者を育成するなど，海外危機管理体制を将来にわたって維持できるよう，組織的に対応することが求められます。この点がないと，先の会社のように，せっかく作った体制が「忘れ去られる」という現象が起きます。

経営トップの関与を引き出すためのポイント

経営トップが自ら海外危機管理の必要性を認識し，関与していくことがベストですが，もし難しいようであれば，部下たちが以下のような支援をし，「トップの関与を引き出す」必要があります。

(1) 情報提供・啓発：海外危機・リスクの実態を知ってもらう
(2) トップの役割の自覚を促す：会社に求められる安全配慮義務，役員（取締役）に求められる善管注意義務等の法的義務と海外危機管理との関係に対する理解を深めてもらう
(3) 継続的な確認：経営トップ向けの訓練等を通じて，定期的，継続的に注意喚起していく

これらの項目を盛り込んだ，経営層向け教育・訓練を継続的に実施することで，経営トップの関与を引き出すことが可能となります。経営層向け教育・訓練の具体的な方法は本章 **3** で述べます。

海外危機管理体制の強化・維持(2)
―「教育・訓練」の進め方―

教育・訓練計画の考え方

海外危機管理を形骸化させないための重要な方法の1つが、教育・訓練です。海外危機管理担当部門が中心となって、教育・訓練を定期的に計画し、実施していくことが、海外危機管理に関する経営層・社内関係者の認識と理解を高め、実効性のある海外危機管理体制とすることができます。

教育・訓練においては、以下に留意する必要があります。

(1) 最新の情勢・環境に対応する。

これまで何度も述べてきたとおり、海外の危機を取り巻く情勢・環境は常に変化していきます。また自社の海外展開状況も変化します。教育・訓練の内容はこれらの変化を踏まえ、変化に合わせた内容としていく必要があります。

(2) 効果を定量的に測定・検証する。

教育も訓練も、実施したことがどのような効果をもたらしたかを測定・評価し、その内容を検証し、適時改善を図っていくことが重要です。

(3) 外部の知見・ノウハウを積極的に取り入れる。

海外危機管理に関する知見・ノウハウも日々、新たなものが取り入れられていきます。企業としてはこうした知見・ノウハウを吸収するため、外部(公的機関、コンサルティング会社等)のセミナーや講師派遣等を適時受講し、必要に応じて訓練の評価をコンサルティング会社へ依頼するなど、外部の視点・評価を入れ、より良いものにしていく取組みが不可欠です。

対象とする範囲

海外危機管理の教育・訓練の対象は、以下が考えられます。

① 経営層

② 本社の海外危機管理担当部門および関係部署
③ 地域統括，各国拠点に駐在する駐在員
④ 帯同家族
⑤ 出張者がいる，および出張が発生する可能性のあるすべての部署の管理者
⑥ 出張者，将来出張の可能性がある社員

頻度設定の考え方

　教育・訓練の頻度ですが，本社の役員・社員向けには少なくとも年1回以上とするのが一般的です。これ以上に少ないと，一度教育・訓練を受けても役員・社員が海外危機管理のことを忘れてしまい，毎回思い出してもらう必要が生じます。駐在員，出張者の教育頻度については，後述することとします。

時期選定の考え方

　大規模災害対応の訓練等については，「9月1日：防災の日」とあらかじめ決めて，毎年同じ日に実施している，という企業もあります。できれば間隔が空きすぎたり，狭すぎたり，ということのないよう，毎年時期を決めて同じころに実施することが望まれます。

経営層向け教育・訓練の内容

　海外危機管理への経営トップ，経営層の関与を引き出すため，経営層向け教育・訓練の実施は非常に重要です。経営層向け教育・訓練は本章4以降に述べる駐在員等向け研修とあわせて実施することもできますが，たとえば経営会議等の前後に時間をとり，経営層のみを対象とした教育・訓練を実施する会社の例もあります。

5章

4 駐在員向けの海外危機管理に関する
教育・研修のポイントは何ですか?

駐在員向け教育・研修の実施方法

　駐在員（赴任者）向けに行われる教育・研修で最も一般的な形態は「赴任前研修」です。これから海外赴任する社員を集め，語学研修や海外駐在において知っておくべき異文化適応・コミュニケーション，海外ビジネスの常識，現地の労働慣行等を内容とする研修を行う企業が多く見られますが，この一連の研修のなかに「海外危機管理」に関する研修を入れる必要があります。

■ 事前研修受講と制度の有無(事前研修の種類別) ■　(%)

	合計	受講した	受講しなかった	制度がなかった	無回答
A．英語	100.0	19.2	33.6	37.6(35.4)	9.6
B．赴任地言語 (英語圏以外に派遣の場合)	100.0	17.4	25.3	34.1(31.3)	23.2
C．異文化適応訓練 異文化コミュニケーション	100.0	19.9	21.9	49.0(49.5)	9.2
D．海外マネジメント　海外ビジネス	100.0	23.3	21.8	46.5(48.2)	8.4
E．現地の労使関係・労働慣行	100.0	11.0	20.8	57.3(56.8)	10.9
F．全般的な任国事情	100.0	24.7	18.8	46.8(48.2)	9.7
G．駐在経験者との座談会個人別の相談	100.0	19.6	21.5	49.0(45.7)	9.8
H．危機管理や安全対策	100.0	37.5	18.1	36.8(38.3)	7.6
I．健康管理や病気対策 (伝染病, 感染症等)	100.0	34.5	19.6	37.7(40.7)	8.2
J．仕事上の災害防止対策	100.0	16.2	22.1	50.8(53.0)	10.9
K．日本本社の経営理念・海外戦略	100.0	30.9	18.8	40.8(41.2)	9.5
L．事前の現地視察	100.0	27.6	16.5	46.1(46.9)	9.8

出典：独立行政法人労働政策研究・研修機構『第7回海外派遣勤務者の職業と生活に関する調査結果』

赴任前研修のあり方

　赴任前研修においては，新規赴任者が海外に不慣れかどうかにもよりま

■ 海外危機管理に関する赴任前研修の項目例 ■

1. 海外で近年発生した危機事例
2. 海外安全の心構え，トラブル回避のポイント
3. 海外生活における注意点（住居，家族，情報管理等）
4. 当社の海外危機管理体制と海外危機管理マニュアル
5. 演習（海外滞在中の留意点，危機対応）

〈クイズ〉
　（例）銀行でお金を下ろすなら，どちらの時間帯が良い？
　　　　　　　　日中　／　閉店間際

〈正解〉
　日中。国・地域によっては店舗の資金量が最大と見込まれる閉店間際を狙った銀行強盗が頻発している。

≪考えてみよう≫
　（例）赴任先の自宅近くで大規模なデモが行われ，治安が急激に悪化しそうである。本社から「3日～1週間の籠城に備えた避難室」の準備を指示されたが，何をどれくらい持ち込みますか？

すが，海外安全の心構え，注意点等を含む研修が必要です。

　海外でのテロや犯罪は，一般的にほとんどの人は体験していないため，「他人事」と捉える傾向があり，そうなると研修の効果は低下します。上記の例のように，単なる講義だけではなく，受講者に自ら考えさせるクイズや演習などを入れ，理解度を高めることも効果的です。

赴任後の研修のあり方

　多くの会社が赴任前研修を実施している一方で，赴任後の駐在員に対して定期的に海外危機管理の研修を行っている例は，実はかなり少ないようです。一方，近年のテロ動向の変化などをみてもわかるように，必要な安全対策も変化しますので，赴任後の研修も実は重要なのです。複数の駐在員がいる拠点では，年1回研修を行う，もしくは幹部会議等で帰国した際にあわせて研修を行う，などを検討する必要があります。

邦人が巻き込まれたテロ

——— 邦人が巻き込まれたテロ一覧 ———

近年、海外でテロが頻発するなか、残念ながら邦人がテロに巻き込まれる事例が相次いで発生しています。

発生時期	国・地域	概要
2015年3月	チュニジア	首都チュニスの国立博物館内に団体客に紛れて武装集団が侵入、館内で銃を乱射した。**邦人3人**を含む観光客20人、チュニジア人1人が死亡、43人が負傷、実行犯のうち2人が射殺された。
8月	タイ	首都バンコク中心部で大きな爆発が発生し、20人が死亡、**邦人1人**を含む128人が負傷した。
2016年3月	ベルギー	首都ブリュッセル（Brussels）郊外にある国際空港（Brussels Airport）で2度の爆発が発生、その約1時間半後、ブリュッセルの地下鉄駅でも爆発が発生、空港で自爆犯2人を含む14人、地下鉄駅で自爆犯1人を含む20人の計34人が死亡、**邦人2人**を含む約340人が負傷した。
7月	バングラデシュ	首都ダッカ（Dhaka）市内のレストランにおいて数名の武装グループが人質をとって籠城、約10時間後に武装警察が突入し、**邦人7人**を含む人質21人が死亡、武装グループ5人を殺害し2人を拘束した。

出典：報道等より筆者作成

——— 巻き込まれる可能性を減らすために ———

企業としては駐在員等がテロに巻き込まれるリスクをいかに低減するかが大きな課題です。ポイントは以下の2点に集約できると言えます。

◆リスクが高い場所（テロの対象となりやすい場所）へ極力行かない

政府・軍関連施設、宗教施設等のほか、都市部の不特定多数が集まる場所（空港・駅・ショッピングセンター・繁華街・有名な観光地等）等にはできる限り行かないようにし、行く場合は滞在時間を最小限としま

す。
◆リスクが高い場所へ行く際に注意するポイントと事後の対応をマスターする

　短時間でもリスクが高い場所へ行く場合に身を守るために注意すべきポイントと万一に備え，被害を避ける方法をマスターする必要があります。これらは研修等で，駐在員等全員に繰り返し，徹底を図る必要があります。

出張者向けの海外危機管理に関する教育・研修のポイントは何ですか?

出張者向け教育・研修の重要性

海外出張者向け教育・研修も,海外危機管理の観点で重要な意味を持っています。海外出張者を海外駐在員との対比で考えると,以下のような特性があります。

① 出張者は駐在員よりも現地事情・リスク情報(危険地域,危険な兆候等)に不案内であることが多い
② 現地の言語に不案内であることが多い
③ とくに空港等では一般的に不慣れな渡航者を狙う犯罪者が多いため,出張者の方が狙われる可能性が高い
④ 出張形態によるが,現地側に頼るべき先が少ない場合がある(独自市場調査等,自社拠点のない地域への出張の場合)
⑤ 移動距離が長くなる例がみられる(複数の国・地域をまとめて回る出張等)

これらはいずれも,駐在員に比較して出張者の方が,事件・事故に巻き込まれるリスクが高くなる要因とみることができます。もちろん現地に滞在する時間に着目すると出張者より駐在員の方が長いため,一概に出張者の方が危ない,とは言えないですが,出張者の安全対策も決して怠ってはならないことがわかるかと思います。

出張者向け教育・研修の難しさ

一方で出張者は,駐在員と比較して人を特定できないため,定期的な研修を行うことが難しい,という特性があります。頻繁に出張に行く社員,であれば特定できるかもしれませんが,海外危機管理の研修の対象者はごくまれに海外出張に行く役員・社員も含むべきなのです。

この点の対応策としては，次のようなものが考えられます。

(1) Eラーニングや冊子・DVDなどを活用する

　Eラーニングや「海外出張者ガイドライン」等の冊子・教育用DVD等を用意し，海外出張に行く社員はこれらの受講または通読・閲覧を義務付ける，などの方法が考えられます。Eラーニングであれば受講状況を一括管理できるため，受講率を引き上げるよう，各部署にはたらきかけることが可能となります。

(2) 部門長向け研修を実施する

　複数の部門から，様々な社員が海外出張に行く，という会社の場合，部下が出張する可能性のあるすべての部門長を対象に研修を実施し，出張に行く部下に対して海外危機管理の観点でどのような指導を行うべきか，という研修を行うのも一案です。

出張者向け研修内容の例

　出張者向け研修の内容は，赴任前研修の内容をもとにし，駐在特有の内容を出張時の注意点等に置き換えることで実施できます。

■ 海外危機管理に関する出張者向け研修の項目例 ■

```
1．海外で近年発生した危機事例
2．海外安全の心構え，トラブル回避のポイント
3．海外出張時の注意点（空港利用，タクシー，ホテル等）
4．当社の海外危機管理体制と海外危機管理マニュアル
5．演習（海外出張中の留意点，危機対応）
```

海外危機対応訓練はどのような種類を選ぶべきですか？

どんな訓練が必要か

これまでも述べてきたとおり，マニュアル等で計画した海外危機発生時の対応を実効性のあるものにするためには，訓練を行い，対応関係者の認識・意識やマニュアルに対する理解度を高め，対応能力の向上を図ることが望ましいといえます。

訓練種別と特性

訓練は目的と，関係者の習熟度に従って様々な形態が考えられます。以下は代表的な訓練の形式の例とそれぞれの特性です。

マニュアル整備の初期の段階では，まずは作成した海外危機管理マニュアルを関係者がよく理解することが必要なため，「ウォークスルー訓練」等でマニュアル内容（手順）確認に重点を置いた訓練をすることが望まれます。

ある程度，関係者の理解度が高まったところで，もう少し難易度を上げた「机上型シミュレーション訓練」で，関係者の対応能力向上とあわせ，実際の危機対応を検証します。それにも慣れてきたところで，「リアルタイム型シミュレーション訓練」のような，危機発生時の時間経過を模擬体験する，より難易度の高い訓練を行い，現状の危機管理体制の対応能力を検証することが望まれます。

2013年に発生したアルジェリアの天然ガスプラント襲撃事件のような，自社の社員が複数被害に遭うような重大な事案が海外で発生した場合については，日本本社側でも様々な情報開示，広報対応を行うことが想定されます。その場合の対応については，経営層等を対象とした「広報対応・記者会見訓練」が対応能力向上に役立ちます。

本章 7 以降，各訓練の内容について具体的に解説します。

■ 危機対応訓練の種類と特性 ■

分類		目的				対象者（例）			
名称	概要	判断力向上	課題検討	手順確認	意識啓発	経営層/部門長	対策本部の各班・部門	従業員	その他
実動訓練	各種資機材を利用しながら行う訓練。通信訓練，避難訓練，安否確認訓練，情報共有訓練等。		○	○			○	○	
（机上型）ウォークスルー訓練	司会者より提示する設問に対して参加者はその場で回答する。参加者自らの役割，予想される事象への対応手順，対策の実施状況，計画の抜け漏れ等を確認。(60-120分程度)		○	◎			○	○	
机上型（討論型）シミュレーション訓練・ワークショップ型訓練	事態発生初期，数時間後，数日後という形で時間軸を区切り，司会者から被災シナリオや設問を提示。グループ討議を通して，対策本部各班・各部の役割や対応手順，他拠点との連携，判断・指示等のプロセスを討議。課題や計画の抜け漏れを抽出。(60-150分程度)	○	◎	○	○	○	○		
リアルタイム型シミュレーション訓練	訓練事務局より，対策本部にもたらされる様々な情報（ニュース報道や事業所内外の被害等）を次々と付与。情報処理（収集・整理・分析・判断・指示）を実働で行うことで，対策本部運営を検証。(60-150分程度)	◎	◎	○	○	○	○		
広報対応・記者会見訓練	広報資料作成・社外対応を含む情報処理を模擬。また，模擬記者会見訓練では，記者役との質疑応答を実施。	◎		○	○	○	○		

◎：特に効果的な訓練形式を示す

5章 7 海外危機対応訓練における机上型シミュレーション訓練の企画・実施はどのように進めますか?

机上型シミュレーション訓練とは

海外危機管理マニュアルの緊急時対応に関する記載を関係者が一通り,理解した段階でおすすめするのが,「机上型シミュレーション訓練」です。危機状況を模擬的に体験する「シミュレーション」型の訓練ですが,本章8で説明する「リアルタイム型シミュレーション訓練」と比較して,より簡易に実施できる点がメリットと言えます。

企画・準備・実施の流れ

近年では,大規模災害を想定した「事業継続訓練」の1つとして机上訓練を実施する例が増えてきており,平成24年には内閣府防災担当から「『企業の事業継続訓練』の考え方」という冊子が公表されています。これから行うのは海外危機管理訓練ですが,企画・準備・実施の流れは共通しますので,こちらを参考にしながら進めることが可能です。

■ 訓練の企画・準備・実施の流れ ■

実際のシナリオ・設問例

海外危機管理を想定した訓練の実際のシナリオ例を示します。ここでは,「『企業の事業継続訓練』の考え方」に登場する「ワークショップ訓練」をより簡易化した,「グループディスカッション訓練」を紹介します。

「グループディスカッション訓練」では,参加者に5〜6人程度ずつのグ

ループを作ってもらい，グループのなかで「司会」「書記」「発表者」を決め，以下のような「シナリオ」「設問」をファシリテーター（進行役）から提示します。

■ 机上訓練のシナリオ・設問例 ■

〈シナリオ〉
201＊年　2月24日（金）　　17：40
あなたは本社海外危機管理責任者とし，会社では英国・ロンドンに拠点を置き，複数の駐在員（帯同あり）を派遣していることとする。
テレビ報道・インターネット等で以下のニュースが流れている。
「ロンドンの地下鉄で複数の爆発が発生。現地時間の午前8時（日本時間17時）過ぎ，ロンドン中心部を走る複数の路線で3回の爆発がほぼ同時にありました。現場はサークル線のリバプールストリート駅とエッジウェアロード駅，ピカデリー線のラッセルスクエア駅それぞれの近くで起きており，いずれも車内で発生したとのことです。」（ロンドン現地時間　8：40）

〈設問1〉
初期段階で本社として検討・実施・指示すべき事項を列挙してください。

〈設問2〉
3時間後，現地拠点から次の報告があった。「日本大使館から連絡あり，駐在員の○○さんが出勤途中に負傷して市内の病院に収容されているとのことです。本人の妻に連絡して，妻が病院に向かいました。拠点からもすぐに人を派遣します。」
この報告を受け，本社として検討・実施・指示すべき事項を挙げてください。

参加者は上記設問の回答について，グループの「司会」による進行のもと，ディスカッションを行い，結果を「書記」がまとめ，後に各グループから「発表者」が結果を発表します。結果は班ごとに異なるものが出ることもあり得ます。ファシリテーターが結果をまとめ，訓練を終わります。

※参考：上記「設問」の回答例
〈設問1〉　・現地との通信手段の確保，現地への情報提供，情報収集
　　　　　　・緊急事態のレベル判断と現地対策本部・本社対策本部設置判断　等
〈設問2〉　・病院へ向かう従業員への安全確保の注意喚起の実施
　・収容された病院の確認。必要に応じて信頼できる病院への移送　・駐在員○○氏のご家族が希望した場合の出国準備　・現地への出張制限措置の検討　・マスコミ対応（本社および社員○○氏のご家族対応）　等

5章 海外危機対応訓練におけるリアルタイム型訓練の企画・実施はどのように進めますか?

リアルタイム型シミュレーション訓練の重要性

　危機，とくに海外危機管理が想定するような，海外における重大な危機は，ほとんどの会社では経験したことがありません。しかし万一，重大な危機に直面してしまった際，「はじめてなのでうまく対応できなかった」では済みません。そのため関係者で危機を模擬体験するシミュレーション訓練を実施し，対応体制が適切かどうかの点検・検証を行い，かつ対応する関係者の対応力向上を図っておく必要があります。

　「リアルタイム型シミュレーション訓練」とは，実際の危機対応の時間の流れに沿って，参加者が状況判断・対策の検討・意思決定・指示までを模擬的に行う訓練です。実際の危機発生時の状況に極力近い形で情報が付与されるため，危機発生時に起こり得る様々な問題・課題を抽出・検証することが可能となります。

企画・準備・実施の流れ

　リアルタイム型シミュレーション訓練は，緊急対策本部等，危機発生時の対応組織を対象に行うのが一般的です。海外危機管理においては，危機発生時の日本本社の緊急対策本部を対象とする場合，海外拠点の現地対策本部を対象とする場合，日本本社と海外拠点の両方を対象とし，同時並行でシミュレーションを行う場合，などが考えられます。

　机上訓練と同様，基本設計，実施計画がまとまれば，訓練当日に使用する訓練シナリオを作成します。訓練シナリオは分刻みのタイムスケジュール表を作成し，時間の経過に沿ってどのような情報を入れるかをあらかじめ設計するもので，シナリオの設定には一定のノウハウが必要です。シナリオにおいては，事態の経過に応じた「課題」を設定することも一般的で

す。訓練事務局としてそのタイミングで参加者に検討してもらいたい事項を「課題」として提示し，検討を促します。

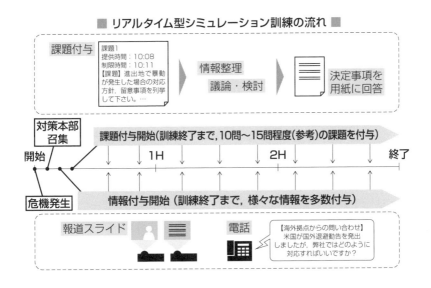

訓練における情報の流れ

　訓練当日は，あらかじめ周到に作成した訓練シナリオに従って，訓練事務局が参加者に対して様々な情報を付与していきます。本社対策本部に入るTVニュースやネット情報を模擬的に提供するほか，たとえば現地対策本部からの電話問合せを，訓練事務局が現地社員役となり行います。参加者はこのように断片的に入ってくる様々な情報を収集・整理・共有し，危機対応に必要な判断や指示を適宜行っていく必要があります。

　このようなリアルタイム型訓練も近年，事業継続訓練の形態として導入する企業が増えています。

■ 訓練における情報の流れの例 ■

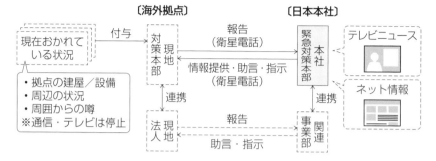

リアルタイム型訓練のシナリオ例と抽出される課題

　海外における危機を想定したリアルタイム型訓練のシナリオ例としては，たとえば以下のようなものが考えられます。

(例)
- 中国における反日暴動発生
- インドにおける同時多発テロ発生
- インドネシアにおける地震・津波発生
- ベトナムにおける反中暴動発生
- フランスにおける同時多発テロ発生
- タイにおける政情不安の発生
- 中東における感染症拡大
- X国/Y国による緊張状態〜交戦開始

　シナリオはあくまで仮想ですので，架空の国を舞台にしても良いのですが，実際に自社が拠点を置いている国・地域を舞台とし，さらに過去に実際に発生した危機事象をモデルにすることで，より臨場感・緊張感のある訓練となる効果が期待できます。またより現実的な課題点を抽出することができる場合もあります。

　ある会社の訓練では，フランスでの同時多発テロを想定しましたが，訓練上のニュースで伝えられる複数のテロ発生場所と，自社のオフィスとの位置関係を対策本部メンバーがすぐに把握できず，オフィスのすぐ近くで

テロが発生していることをすぐ認識できない，などの問題点がみられました。訓練の結果を受け，改善策として，事件が発生した国・地域の地図情報を速やかに入手する方法を検討することとなりました。

リアルタイム型訓練の効果

　リアルタイム型シミュレーション訓練では，本社緊急対策本部等の実際の危機対応組織メンバーがそれぞれの役割に従って，本番さながらに危機対応を模擬体験します。対策本部長は実際に状況をみながら，適時，適切な指示を出すことが求められ，各メンバーもそれぞれの役割分担に従って適宜状況を判断しながら行動する必要があります。机上型シミュレーション訓練と比較しても，より実践に近い形の訓練といえます。

　このような訓練を通じて対策本部長以下，関係者が危機を模擬体験することは，万一，何らかの緊急事態が実際に発生した場合に，関係者がより冷静に状況に対処することができるようになる効果があるとされます。

　また，模擬的ではあるものの，対策本部などの危機対応組織を実際に運用することで，緊急対応要領や対応体制について，より具体的な課題を抽出できる効果が期待できます。

（抽出される課題の例）
　　◆対策本部内の役割分担が適切かどうか
　　◆対策本部内の要員計画・配置が適切かどうか
　　◆情報整理の様式の事前決定
　　◆情報共有の仕組みづくり

海外危機対応訓練における広報対応を含む訓練の企画・実施はどのように進めますか?

広報対応の要素を入れることで,留意すべきこと

本章8までのシミュレーション訓練に,広報対応の要素を追加することが可能です。これまでも述べたとおり,海外で重大な危機が発生し,自社の駐在員や出張者が巻き込まれる事態となった場合,海外現地はもちろん,日本本社でも何らかの広報対応を行う必要が生じる可能性があります。

海外での危機発生の場合,往々にして現地で何が起きているかの情報が錯綜するなど,確実な情報が速やかに取得できません。そのようななか,重大事態の場合は外務省等の政府機関から照会・対応要請がくる,マスコミからの問合せが次々とくる,という場合もあります。広報対応が迅速に行えないと,マスコミから批判されるような事態になる可能性さえあります。

あらかじめ危機発生時の広報対応を模擬体験することで,会社としての信用やブランドイメージを守り,役員を含む関係者の対応力向上を図ることができます。

企画・準備・実施の流れ

机上型シミュレーション訓練+記者会見,リアルタイム型シミュレーション訓練+記者会見,などの形態が考えられます。記者会見を行う場合,一般的には「ステートメント」(会社としてのメッセージ文),「プレス資料」(記者配布用資料),「想定Q&A」(記者との想定問答集)を用意しますが,訓練ではこれらを作成する過程も模擬体験します。

「リアルタイム型シミュレーション訓練+記者会見」の場合,「リアルタイム型シミュレーション訓練」のなかでマスコミ(テレビ局や新聞社の記者)からの問合せ対応を模擬体験しながら,それらの内容を踏まえて,実

際に記者会見を開くための説明資料を作成し，その後の記者会見に向けた準備をする例もあります。

効果的な広報対応訓練とは

　記者会見を行う場合，説明を行う「スポークスパーソン」は状況に合わせて慎重に判断・決定する必要があります。海外での重大事態を想定した海外危機管理訓練では，社長や担当役員がスポークスパーソンとなり，記者会見を行います。

　海外での危機発生における広報対応で，とくに困難なのは誘拐・拉致等の事案です。先にも述べたとおりこのような事案では事態対処の観点からは，極力情報を外部に出さないことが求められますが，マスコミが察知し問合せが殺到する状態となると，上記の事情が必ずしも理解されず，企業として「何かを隠している」等との印象を持たれるおそれもあるのです。

　このような難しい事態に本社，および役員が直面した場合に，いかにあわてず，組織的に適切な対応が行えるかが問われるため，平常時からシミュレーションを各関係者で積んでおくほかないのです。

海外危機管理体制の強化・維持（3）
―「継続的改善」のポイント①―

継続的改善の重要性

　海外危機管理体制の形骸化を防止し，体制を強化・維持していくためにとくに必要な活動として，「経営トップの関与を引き出す」「教育・訓練の実施」について述べてきました。必要な活動の３つめは，「継続的改善」です。
　「継続的改善」は国際標準化機構（ISO）の「マネジメントシステム規格」等でよく使われる用語で，企業や組織が要求事項を達成するために，いわゆる「PDCA」（Plan（計画）→ Do（実行）→ Check（評価）→ Act（改善））サイクルに基づいて，継続的に能力を高めて行く活動を指します。
　本書では，「海外危機管理」も PDCA サイクルに基づく継続的改善を図っていくことが重要だと強調しています。

海外危機管理におけるリスクアセスメント

　海外危機管理において継続的改善を図るうえで，そもそも自社の海外危機管理が対象としているリスクはどのようなもので，どの程度の深刻さを持っているか，を評価する活動が重要となります。危機管理においては「危機の予測」という言い方もしますが，リスクマネジメントでは「リスクアセスメント」とよばれ，「リスクの特定」「リスクの分析」「リスクの評価」で構成されます。
　本書では海外危機管理を「企業による，海外に渡航・滞在する駐在員・帯同家族・出張者の危機管理を含む安全対策」としていますので，駐在員等の生命・身体に影響を及ぼすリスクが海外危機管理の対象となります。
　まず「リスクの特定」として，対象となるリスクをリストアップしてみます。ここでは第３章の「海外緊急事態対応マニュアル（本社用）」の一部を抜粋して再掲します。

【災害・事故】●自然災害　●火災・爆発　●産業事故・労災事故
　　　　　　　●交通事故

【政治・社会】●一般犯罪　●テロ　●誘拐・拉致・拘束
　　　　　　　●恐喝・脅迫・暴力等　●デモ・暴動
　　　　　　　●感染症　●戦争・紛争・内乱

　続いて，「リスクの分析」「リスクの評価」として，各リスクの重要度を判断するため，それぞれの「頻度」（発生する可能性）と「影響度」（発生した場合の経営への影響）を評価し，「リスクマップ」を作成します。ここでは単純化し，「頻度」「影響度」を3段階で評価した例を示します。

■ リスクマップの例 ■

【影響度】			
高	・自然災害（地震・津波） ・テロ ・誘拐・拉致・拘束 ・戦争・紛争・内乱 ・感染症（パンデミック）	・火災・爆発 ・産業事故 ・デモ・暴動	
中		・自然災害（風水害等） ・感染症（地域内） ・労災事故 ・恐喝・脅迫・暴力等	・交通事故
低			・一般犯罪
	低	中	高　【頻度】

第5章
10

優先順位付けの考え方

　リスクアセスメントに基づいて，リスクごとの対策優先順位を明確化します。この際，以下の点に注意が必要です。

1．基本的には「頻度」「影響度」双方が高いリスクほど，優先順位が高い。

2．ただし「影響度」が高いリスクは，「頻度」が非常に低い場合でも，万一顕在化して甚大な被害・影響が生じることのないよう，対応準備の優先度を高く捉える必要がある（「危機管理」の領域）。

149

海外危機管理体制の強化・維持（4）
― 「継続的改善」のポイント② ―

リスクアセスメントに基づく継続的改善

　本章 10 で行った，海外危機管理におけるリスクアセスメント，優先順位付けの結果は，自社を取り巻く様々な事業環境，事業戦略によって変化するため，こういったリスクアセスメントは，可能であれば定期的に実施する必要があります。

　リスクアセスメント，優先順位付けができたら，今度はそれらと，現状の対応体制を比較し，これまでの海外危機管理体制が，リスクの優先順位付けにふさわしいものになっているかを検証します。

　一般的にリスクは，様々な対策を行うことで，顕在化する頻度を下げる「予防」，または顕在化時の経営への影響を少なくする「軽減」を通じて「低減」させることが可能です。ただし，ほとんどのリスクは「低減」を行ってもゼロになることはなく，一定程度のリスクが残ります。これを「残余リスク」とよびます。

　優先順位付けの結果，対策優先順位が高いと評価されたリスク項目は，十分「低減」が図られているでしょうか？　「低減」が不十分で「残余リスク」が大きくなっているリスク項目はないでしょうか？　こういった観点で検証を行い，「低減」が不足しているリスク項目があれば様々な対策を追加し，「低減」を図る。ここまでが，「継続的改善」の大きな柱の1つである，リスクアセスメントに基づく継続的改善です。

既存対策の継続的改善

　すでに実施している対策に対しても継続的改善が必要です。たとえば，ある会社で海外危機管理マニュアルに基づき，海外でテロが発生した事態を想定したシミュレーション訓練を実施したとします。

シミュレーション訓練の重要な目的は，現行対応体制の弱点・問題点を抽出することなので，訓練実施の結果，複数の弱点・問題点が見つかります。たとえば，出張者の安否確認方法が明確になっていないとか，緊急時の対策本部設置判断の基準が関係者で共有されていないなどです。これらを踏まえ，訓練実施後にマニュアルの記載を追加する，改めて関係者間でマニュアル内容の周知を図る研修会を行うなどが必要となります。このように，評価，改善を繰り返していくことで，既存の対策がより効果的，より実践的な内容になっていきます。これが「既存対策の継続的改善」です。

形骸化を防ぐ，もう1つの効果的な方法

　本章では，海外危機管理の「形骸化」を防ぐうえで重要なポイントは，海外危機管理に関する危機意識を社内に維持すること，そのためにとくに必要な活動として，（1）経営トップの関与を引き出す，（2）教育・訓練の実施，（3）継続的改善，の3つを説明してきました。これらはいずれも，経営層および担当部門が海外危機管理の重要性をよく理解し，日々，地道な活動を継続的に積み上げていくことで可能となります。

　実は，形骸化を防止するには，もう1つ，別の効果的な方法があります。それは「自動化，システム化」です。たとえば第4章5で，海外出張申請と航空券・宿泊先等手配を独自システムで一元化している会社の例を紹介しました。このように海外危機管理上必要な情報の報告・収集を自動化，システム化することで，教育・研修で繰り返し海外危機管理の重要性を訴えていなくても，自動的に担当部門に必要な情報が集まるようになります。

　経営層から担当者まで，あらゆる階層の関係者に教育・研修を徹底し，意識を維持するのは大変です。「自動化，システム化」をうまく活用すれば，教育・研修の足りないところを補うことも可能なのです。

知っておきたいポイント

「危機の予測」の難しさ
～米国WTCビル爆破テロ（1993年）～

───── 米国ワールドトレードセンター（WTC）ビル爆破テロ ─────

　米国ニューヨーク市のWTCビルはいうまでもなく，2001年の米国同時多発テロの被害により崩壊した有名なツインタワービルです。現在は複数のビルが順次再建の途上にありますが，同じビルがその8年前にやはりイスラム過激派による大規模な爆破テロの被害に遭っていたことはご存知でしょうか？

　WTCビル（110階建）の地下2階で1993年2月26日12時18分，爆弾による大爆発が発生，地下1階～5階までが破壊され，地下鉄駅を含む6フロアが被害を受けました。直後に火災が発生，煙が上層階まで広がり，全員の避難までに9時間を要し，6人が死亡，1,000人以上の重軽傷者が出ました。

───── 「危機の予測」の難しさ ─────

　実は当時，同ビルではテロ等を想定し，綿密な緊急避難計画を準備し，年に数回，避難訓練を行っていました。にもかかわらず直後には避難誘導等が一切行われませんでした。なぜでしょうか？

　ビルの警備・防犯センターや，主要電力システムが集中する地下エリアで爆発が発生したため，電力・通信・放送設備が爆発により壊滅してしまったことが原因でした。

　危機管理においては，「危機の予測」が対応の基本となりますが，往々にしてあらかじめ想定したとおりに危機は起きてくれません。むしろ「まさかそれはないだろう」という事態が起きることが多々あります。上記事例においても「まさか」が重なり，事態が深刻化したことがわかるかと思います。企業としてはこの「まさか」をできる限り少なくするべく，様々な可能性を考慮した準備を積み上げていく必要があるのです。

第5章　海外危機管理体制を強化・維持する

「想像力の欠如」が招く被害
～米国同時多発テロ（2001年）～

――― 世界に衝撃を与えた米国同時多発テロ ―――

　米国ニューヨーク市のワールドトレードセンター（WTC）のツインタワービル（第1・第2ビル）に2001年9月11日8時48分，9時05分に突如として航空機2機が相次いで激突し，その後，バージニア州の国防総省ビルへ1機衝突，ピッツバーグ州郊外に1機が墜落しました。世界にイスラム過激派テロの脅威を認識させることとなった米国同時多発テロでした。ツインタワービルは10時05分，10時28分に相次いで崩壊，2棟を含む計7棟のビルが倒壊・壊滅し，死者3,025人，負傷者6,291人以上の大惨事となりました。

　当時，ニューヨーク市はテロを想定した緊急時対応計画・復旧計画を整備し，モニター・通信設備等を完備した緊急対応センターを保有していましたが，テロの被災によりセンターそのものが破壊されてしまい，臨時に確保したセンターで市長をはじめとする幹部が，事態への対応を指揮しました。

――― 独立調査委員会レポート ―――

　事件を検証するため，同国連邦法に基づき独立調査委員会が設置され，2004年7月22日，同委員会は最終レポートを発表しました。同委員会はレポートのなかで，米国政府機関においてテロを回避する機会が発生前に少なくとも「10回あった」にもかかわらずその機会が活かされなかったこと，とくに政府情報機関における「想像力の欠如」が被害の最大要因となったことなどを厳しく指摘しました。

　同レポートは，危機管理においては，想像力を発揮し起こり得る事態を漏れなく想定し備えることが肝要であることを，改めて認識させるものとなっています。

第6章

海外危機管理担当者が
知っておくべき知識

1 日本企業のグローバル化はどの程度進展していますか？

対外直接投資残高

　近年，多くの日本企業が海外進出を積極的に展開しており，海外危機管理の重要性も，グローバル化の急速な進展に比例し，高まっています。

　日本企業のグローバル化，海外進出の度合いを測る指標としては，日本企業による海外の企業買収・工場建設等の投資額を積み上げた「対外直接投資残高」が挙げられます。独立行政法人日本貿易振興機構（JETRO：ジェトロ）による統計を地域別にみると，以下のグラフのとおり，北米，アジア，欧州を中心に急速に増加していることがわかります。「残高」ですから累計値であることに注意が必要ですが，1996年末に2,586億ドルだった残高が，2016年末の推定値では1兆3,593億ドルと20年で5倍以上に達しています（2015年単年度の日本の対外直接投資額は1,307億ドルで，ル

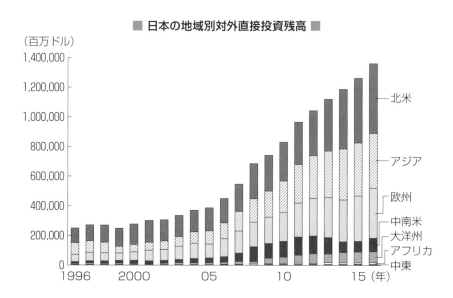

クセンブルク，米国，中国，アイルランドに次いで世界 5 位の規模）。

企業の海外駐在員数・出張者数

　企業が海外進出を推進することで，海外駐在員・出張者数も増加しています。外務省「海外在留邦人数調査統計」（平成 29 年（2017 年）詳細版）によると，海外駐在員・帯同家族等，海外で民間企業に勤務する邦人とその家族の合計数は 2016 年 10 月時点で約 46 万人に達しています。1996 年10 月時点では約 29 万人だったので，20 年で約 1.6 倍となっています。海外出張者数は，現在では厳密な統計はとられていませんが，法務省「出入国管理統計年報」（2016 年）の総出国邦人数：約 1,711 万人に 2012 年法務省統計による，商用出張者の割合：15.7 ％を掛け合わせると年間で延べ約268 万人前後と推定されます。

企業の海外進出意欲と海外販売比率・海外生産比率

　日本企業の多くが，引き続き海外進出の拡大を図る方針を掲げています。ジェトロが毎年実施している「日本企業の海外事業展開に関するアンケート調査」（2016 年度）の結果では，「海外進出の拡大を図る」方針の企業が全体の 60.2 ％に達し，4 年ぶりに 6 割を超えました。

　国際協力銀行の「わが国製造業企業の海外事業展開に関する調査報告―2017 年度海外直接投資アンケート結果（第 29 回）―」（2017 年 11 月）では日本の製造業企業の海外生産比率，海外売上高比率が年々上昇しており，それぞれ 35.0 ％，38.5 ％に達していることが示されました。業種別にみると，とくに自動車製造業では海外生産比率が 46.2 ％にも達します。

知っておきたいポイント

海外在留邦人数調査統計

―― 世界における在留邦人の分布 ――

　外務省では毎年，在外公館（日本国大使館，総領事館）に届出されている在留届を基礎資料として，各年10月1日現在の海外在留邦人の状況を調査した「海外在留邦人数調査統計」を公表しています。この統計には，3ヶ月以上海外に在留している邦人の国・地域別人数が集計されており，生活の本拠を日本から海外へ移した人々（永住者）と，海外での生活は一時的なもので，いずれ日本に戻るつもりの人々（長期滞在者）とに分けられています。

　本統計では，長期滞在者のうち「民間企業関係者」（本人および家族）を集計しているほか，「日系企業拠点数」として日系企業の現地拠点数も集計しているため，日本企業の駐在員・帯同家族や，海外拠点の分布の大まかな傾向を把握することができます。

■ 世界の在留邦人分布 ■

出典：外務省「海外在留邦人数調査統計」（平成29年詳細版）より作成
※長期滞在者（民間企業関係者）が500人以上または日系企業拠点総数が100以上の国・地域を表示しており，うち在留邦人総数10千人以上の国・地域について在留邦人総数（単位：千人）を表示。

——— 企業の海外進出が多い国・地域 ———

　企業の海外進出の傾向をみるため，長期滞在者のうち「民間企業関係者」の人数が500人以上，または「日系企業拠点数」が100以上の国・地域をピックアップすると，図「世界の在留邦人分布」のようになります。在留邦人数の規模で色分けをしており，1万人以上の国・地域には在留邦人数を表示しています。

　地図をみると，在留邦人が10万人を超えるのは米国と中国の2ヶ国だけであること，1万人以上の国・地域は，アジア，欧州，米州に集中していること，などに気付かれると思います。

——— 知っておくとためになる在留邦人分布の特徴 ———

◆在留邦人総数は約133万人で，そのうち，国別の人数1位は米国42万人，2位は中国12万人で，3位オーストラリア9万人，4位タイ7万人となっています。気付かれたかと思いますが，1位の米国と2位の中国は数が大きく離れていて，米国だけで在留邦人全体の31.5％を占めています

◆在留邦人数上位の各国のうち，民間企業関係者の割合をみると，北米・欧州とアジア・中東で大きな違いがみられます。北米・欧州は比較的，民間企業関係者の在留邦人に占める割合は低く（米国27.7％，英国27.5％），アジア・中東は民間企業関係者の割合が高くなります（中国79.4％，アラブ首長国連邦71.3％）

◆日系企業拠点数を比較すると1位中国32,313社，2位米国8,422社，3位インド4,590社……と続きます。1位の中国は全世界の日系企業拠点数の約45％を占めています

第6章

1

159

企業はなぜ「海外危機管理」に取り組むべきでしょうか?

　ここまで本書では,企業において「海外危機管理」に取り組むことを前提として話を進めてきました。この本を手にとられた皆様は「海外危機管理」の必要性をすでによく認識されている,という観点から,あえてそのような書き方をしてきましたが,社内で経営層の承認を得る,予算を申請する,という場合には必ず,「なぜ必要か」という説明が求められます。

　企業はなぜ「海外危機管理」に取り組む必要があるのか? この問いには,3つの観点から回答が用意できると思います。

海外進出・グローバル化の必要性という観点

　自社の経営戦略として,海外進出・グローバル化の必要性が高いと考えている場合,海外展開をさらに加速し,海外拠点の開設・拡張やクロスボーダー(国際間)M&A等を積極的に展開する計画がある場合,現在よりもさらに多くの駐在員等を海外に送り出すこととなります。駐在員等の人数が増えるほど,様々なリスクに直面する場面も増えるので,海外危機管理の重要性は比例して高まると考えられます。

リスクマネジメント・危機管理の観点

　様々な経営リスクのなかで,海外において駐在員等が直面するリスクの重要度が高いとみるかどうか,という観点です。本書では,序章で「海外で頻発する危機」として,テロ,政情変化・暴動,大規模自然災害,火災・爆発事故,感染症等の脅威を紹介しました。これらのリスクがもたらす危機シナリオが,自社として経営に大きな影響を与えるシナリオとなるかどうか,という点を検討し,海外危機管理の重要性を考える必要があります。

ステークホルダーからの要請という観点

海外危機管理の取組みについては，経営層が自ら必要と考えるかどうか，だけでなく，自社の重要なステークホルダー（利害関係者）がどう考えるか，という観点も重要です。

(1) 役員・従業員

企業が海外危機管理体制を適切に整備しているかどうかは，駐在員等のモチベーション（やる気）に大きな影響を与えます。自身や家族の健康維持や安全管理に不安を感じれば，業務に対するモチベーションが低下する要因になります。海外赴任や出張に伴う健康・安全を，会社が十分サポートしていないと，役員・従業員が赴任・出張を拒否，敬遠する例が増えるかもしれません。

(2) 取引先・納入先

近年では一部の大手企業が，自社のサプライヤー企業に対して，海外危機管理体制の構築を具体的に要請する例などが出てきています。納入先企業から要請されて海外へ進出するサプライヤー企業の場合，適切な海外危機管理体制が構築されていないと，業務受注を失う可能性も生じます。

(3) 政府・法執行機関

法令の要求も重要です。本章 **3** で述べる，企業の「安全配慮義務」は，海外危機管理の必要性を示す重要な法的根拠です。ほかにも，取締役等の「善管注意義務」の一環として，海外危機管理対応が問われる場面も想定されます。

(4) 市場・一般社会・投資家等

海外におけるリスクの把握，平常時の備え，危機対応等，あらゆる側面での取組みに不備があり，従業員の人的被害が発生した場合，法的責任のみならず，道義的責任が問われ，市場や一般社会，投資家等からの信用を失墜するおそれがあります。

3 企業の「安全配慮義務」とは
どのようなものですか?

企業の海外危機管理が法的に求められる理由

　海外危機管理を考える際，企業がなぜ，駐在員や出張者等，海外へ渡航・滞在する従業員の安全対策に取り組む必要があるかを法的に説明する根拠として，企業の「安全配慮義務」が挙げられます。「安全配慮義務」は日本では長らく法令上では明文化されていませんでしたが，2008年に施行された「労働契約法」で明文化されました。

　企業（使用者）の安全配慮義務について，「労働契約法」第5条では「使用者は，労働契約に伴い，労働者がその生命，身体等の安全を確保しつつ労働することができるよう，必要な配慮をするものとする」と規定しています。

　この安全配慮義務の観点から，企業としては，たとえば，従業員を中南米などの凶悪犯罪の発生率が高い国・地域に派遣する場合，敷地周辺に防護壁を備え適切な警備員が配備された住居や，防弾ガラス等の安全装置を備えた自動車を提供するなどの対応が求められます。つまり，現地の勤務実態やリスク環境を適切に把握し，必要な安全対策を実施することが非常に重要となります。

　さらにこの「安全配慮義務」には，労働者の健康に配慮する義務（健康配慮義務）も含まれると解されており，従業員・職場の安全対策はもちろん，メンタルヘルス対策などの健康管理対策も企業の安全配慮義務に含まれると解釈されています。

「安全配慮義務」を怠るとどうなるか?

　労働契約法には明確な罰則はないものの，企業が安全配慮義務を怠った結果，従業員が死傷するなどの事態となった場合，民法第709条（不法行

為責任），第715条（使用者責任），第415条（債務不履行）等を根拠として，企業側に損害賠償が請求される可能性があります。海外派遣者に対する安全配慮義務を問う判例は，日本では現状は限定的であるものの，国内事例においては企業側に多額の損害賠償を命じる判例が複数存在しています。

また，駐在員等が海外で事故や病気になる事態を想定すると，「労働者災害補償保険法」（労災保険法）による労働災害認定が問題になります。労災保険法においては，出張者は労災保険の適用対象ですが，駐在員（海外派遣者）は原則として国内の労災保険が適用されません。このため，「海外派遣者特別加入制度」が用意されており，これに別途加入することで万一の際の労災保険適用が受けられます。適用においては業務起因性が問題となりますが，過去には海外赴任先での過労自殺や，反政府ゲリラによる邦人射殺事件の被害が，特別加入制度の対象として労災認定された事例もあります。

海外危機管理が求められるのは法的な理由だけではない

企業が海外危機管理に取り組むべき，法的根拠として「安全配慮義務」について解説しました。ただし，企業としては，法的義務のみならず，本章2で述べた，従業員に対する道義的責任や従業員のモチベーションに与える影響，取引先からの期待，社会一般からの信用・ブランドイメージも考慮する必要があります。会社が業務上の必要から，日本と大きく異なる環境下で業務を遂行させる以上，派遣された従業員が直面する様々な安全上・健康上のリスクに対して，十分な配慮と具体的な対策措置を行うことが，企業として求められることを，経営側として十分認識しておく必要があります。海外危機管理に取り組むことは，すなわち企業価値を高めることにつながるのです。この点について本章4で述べます。

6章

4 企業価値を高める海外危機管理とはどのようなものですか?

企業が海外危機管理に取り組むことのメリット

　海外危機管理の必要性，法的義務である安全配慮義務について触れてきました。それでは，海外危機管理に取り組むことで，企業経営にとってはどういったメリットがあるのでしょうか？

人材確保への効果

　「事業は人なり」。経営の神様と言われる，故・松下幸之助氏の言葉の引用ですが，優秀な人々が集まり，モチベーションを高く持ち仕事に打ち込み続ける企業は，必ず成長します。海外危機管理は，「企業による，海外に渡航・滞在する駐在員・帯同家族・出張者の危機管理を含む安全対策」ですから，これがしっかりしている会社は，優秀な人々が安心して入社し，安心して海外事業に携わることができます。

　海外危機管理を軽視し，本書で述べた様々な取組みが他社に比べて遅れている会社は，やはり働く人にとっての魅力も大幅に下がってしまいます。

海外進出・グローバル化推進への貢献

　近年，グローバル化が進展するなか，海外事業なしで成長戦略を描くのはどんどん困難になっています。海外進出・グローバル化が避けられないなか，海外危機管理が万全な会社，自社の海外危機管理体制に自信を持つ会社は，競合他社に先んじて積極的な海外進出・グローバル化戦略を推進できます。

　海外危機管理が不十分な会社，海外危機管理体制に不安がある会社は，海外進出・グローバル化戦略に二の足を踏み，競合他社に様々な面で遅れをとっていくおそれがあります。

164

市場・一般社会・投資家等の評価向上

海外で大規模な事件・事故があり，企業に大きな被害が発生すると，「企業の危機管理が問われている」といった報道がなされることがあります。東日本大震災等を経験した我々は，「企業は不測の事態に対しても平常時からしっかりと備えておくべきである」という認識と期待を共有するようになっています。このようななか，企業が，危機に対して明らかに備えを怠っていた，という事態が発生すれば，その企業に対する一般社会からの厳しい批判は避けられません。

近年では「ESG投資」が欧米諸国を中心に拡大しています。財務指標ではなく，「環境」(Environment)，「社会」(Social)，「ガバナンス」(Governance)といった社会的責任に対する企業の取組みを詳細に評価し，その評価に基づいて投資先を選定する動きです。ESG投資では，投資家が企業のリスクマネジメント・危機管理の取組みを厳しく評価しています。

海外危機管理に取り組むことが企業価値を高める

海外危機管理は企業のリスクマネジメント・危機管理の取組みの一部です。しかし海外事業を展開する企業であれば，必ず取り組む必要があります。

海外危機管理に取り組むことは，優秀な人材確保につながり，積極的な事業戦略を可能とするだけでなく，市場・一般社会・投資家の評価を高め，企業価値を高める取組みなのです。

このような，ステークホルダーの評価・期待の変化に気付かず，「過去には問題にならなかったから」と，安易に海外危機管理の取組みへの経営資源投入を避ける企業は，市場・一般社会のみならず，株主を含む投資家からの評価も下がる時代となっていることを，経営者の方々はとくにしっかり認識する必要があります。

6章

5 海外における企業のリスク・危機を どう考えるべきですか?

海外危機管理担当者は，リスクマネジメント，危機管理についてある程度，基本的な知識を持っておくことが望まれます。ここでは紙面も限られますが，基礎知識を簡単にまとめます。

リスク，リスクマネジメントに関する基礎知識

「リスク」という語は，場面や使う人によって，少しずつ異なる意味で使われています。国際標準化機構（International Organization for Standardization：ISO）による定義では，リスクとは「目的に対する不確かさの影響」（ISO31000：2018）となっています。日本では会社法等で求められる内部統制報告制度においては，リスクは「組織目標の達成を阻害する要因」と定義されています。

もう少しわかりやすく，企業にとってのネガティブなリスク，と考えると「企業経営に有形・無形の損失をもたらす可能性」と考えることができます（一部のリスクは必ず損失をもたらすとは限らず，利益を生むこともあるため，ここでは「ネガティブな」と断りました。プラス側にもマイナス側にも変動するリスクは「戦略リスク」「ポジティブリスク」等とよばれます）。

企業のリスク一覧と海外におけるリスク

「リスク」は「可能性」ですので，実は無数にあります。企業が経営を行ううえでの「リスク」と考えるだけでも，非常に多岐にわたるリスクがあることは容易に想像できます。

■ 企業の代表的なリスク一覧の例 ■

大分類	中分類	リスク
災害・事故等のリスク	自然災害	台風・高潮
		水災・洪水
		竜巻・風災
		地震・津波・噴火
		落雷
		豪雪
		天候不良・異常気象
	事故	火災・爆発
		停電
		交通事故
		航空機事故・列車事故
		船舶事故
		設備事故
		労災事故
		運搬中の事故
		盗難
		有害物質・危険物質の漏洩・バイオハザード
	IT	ネットワークシステム（通信を含む）の故障
		コンピュータウイルスの感染
		コンピュータシステムの故障
		サイバーテロ・ハッキングによるデータの改竄・漏洩
		コンピュータ・データの消滅・逸失
経営に関するリスク	経営	経営層の執務不能
		グループ会社の不祥事
		乱脈経営
		新規事業・設備投資の失敗
		企業買収・合併・吸収の失敗
	知的財産権	知的財産権に関する紛争
		模倣品（コピー商品）の氾濫
	環境	環境規制強化
		環境賠償責任・環境規制違反
		環境汚染・油濁事故
		廃棄物処理・リサイクルにおける違反

大分類	中分類	リスク
経営に関するリスク	製品・生産・物流	製品開発の失敗
		瑕疵
		製造物責任（PL）
		リコール・欠陥製品
		生産拠点の操業停止
		生産技術革新による自社生産技術の陳腐化
		物流拠点の稼動停止
	コンプライアンス	セクシャルハラスメント
		役員・社員による不正・不法行為
		役員のスキャンダル
		社内不正（横領・贈賄・収賄）
		不正な利益供与
		独占禁止法違反・カルテル・談合
		インサイダー取引
		プライバシー侵害
		粉飾決算
		巨額申告漏れ
		監督官庁等に対する虚偽報告
		顧客からの賠償請求
		従業員からの賠償請求
		株主代表訴訟
		過剰接待
	労務	集団離職
		従業員の過労死・過労による自殺
		外国人不法就労
		海外従業員の雇用調整
		海外駐在員・海外出張者の事故
		国内出張者の安全対策の失敗
		差別（国籍・宗教・年齢・性）
		労働争議・ストライキ
	契約	契約紛争
	財務	デリバティブの失敗
		与信管理の失敗・取引先（顧客）の倒産

大分類	中分類	リスク
経営に関するリスク	財務	格付けの下落
		株価の急激な変動
	マーケティング	宣伝・広告の失敗
		競合・顧客のグローバル化への対応失敗
		顧客対応の失敗
	情報管理	社内機密情報の漏洩
		顧客・取引先情報の漏洩
		個人情報の漏洩
	自社への影響	取引先（顧客）の被災・事故
		納入業者・下請け業者の被災・事故・倒産
		取引金融機関の被災・事故・倒産
		設備業者の被災・事故・倒産
	広報	地域社会との関係悪化
		マスコミ対応の失敗
政治・経済・社会リスク	政治	戦争・クーデター・内乱・暴動
		法律・制度の急激な変化
		国際社会の圧力（外圧）
		貿易制限・通商問題
	経済	景気変動・経済危機
		為替・金利・株価・地価変動
		原料・資材・原油の高騰
		市場ニーズの変化
	社会	テロ・破壊活動・襲撃・占拠
		インターネットにおける批判・中傷
		マスコミにおける批判・中傷
		ボイコット・不買運動
		暴力団・総会屋等による脅迫
		感染症の蔓延
		風評
		人口減少・少子化・労働力不足
		技術革新による業界構造の変化

海外におけるリスク

　「海外におけるリスク」でも同様です。ただし，日本国内のリスクと海外におけるリスクは異なる部分があることにも注意が必要です。たとえば新興国・途上国では列車事故の頻度が日本とは比較にならないほど多い場合

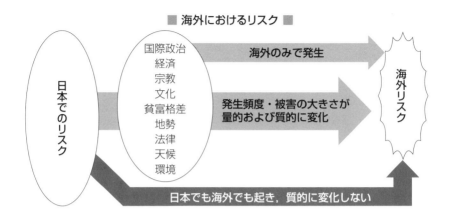

があります。米国では製造物責任訴訟において日本ではあり得ないほど巨額の賠償責任を負わされる例があります。差別や職場のハラスメント問題は文化の異なる海外では日本とかなり様相が違います。もっというと、日本ではあまり考える必要がないとされるリスク、たとえば、戦争・海賊・武装集団の襲撃等も、国によっては考慮する必要があります。

「リスクマネジメント」はこのリスクを「マネジメント」（管理）することと考えられ、ISOでは「リスクについて、組織を指揮統制するための調整された活動」（ISO31000：2018）と定義しています。リスクマネジメントの実践においては、「リスクアセスメント」（リスク特定・分析・評価）と「リスク対応」が大きな柱となります。

危機，危機管理に関する基礎知識

「危機」とは「リスクが顕在化して、企業の有形・無形の資産、事業活動、利害関係者の生命・健康などに重大な被害・損失を与え、企業経営に深刻な影響をもたらす事態・状況」とされます。「危機管理」は「可能な限り危機を事前に予知し、その未然防止を図るとともに、万一発生した場合に損失を最小限にとどめるためのあらゆる活動」とされます。

「リスクマネジメント」と「危機管理」はどういう関係にあるのかという議論はたびたび起ります。リスク対応の観点から考えると次のように整理できます。

◆「リスクマネジメント」はリスクの顕在化防止（未然防止）から緊急時対応による二次被害防止，被害拡大防止までをすべて含む広い概念である。

◆一方，「危機管理」は「危機の予知」「危機の未然防止」から「危機への緊急対応」を含む。

◆つまり「リスクマネジメント」は「危機管理」を内包する概念と言える。

海外におけるリスクと海外危機管理の位置付け

海外危機管理は，多岐にわたる「海外におけるリスク」のうち，駐在員等の安全に関わるリスクを対象とする活動，と位置付けることができます。

■ 海外で企業が直面する危機・リスク(イメージ) ■

海外リスク
（組織の安全）

贈収賄・汚職　政策変更　情報漏えい・サイバー攻撃　競争法関連　外貨交換・送金規制

駐在員・出張者

海外危機
（ヒトの安全）

事故・トラブル　資材調達費高騰　感染症　テロ　政変・デモ　収用　知的財産・技術流出　自然災害　誘拐・犯罪　メンタルヘルス　労働争議　為替変動　文化摩擦

6章

6 「テロ」の世界的状況を教えてください

テロとはそもそも何か

「テロ」（Terrorism）について国際的に統一された定義はありませんが，国際連合は「住民を威嚇する，または政府や国際組織を強制する，あるいは行動を自制させる目的で，市民や非戦闘員に対して殺害または重大な身体的危害を引き起こす事を意図したあらゆる行動」と定義しています。

上記の定義からわかるとおり，テロは必ずしも宗教的動機等特定の目的に基づくものとは限らず，左派・右派思想や特定民族の分離独立，動物愛護や環境保護等，様々な思想的背景に基づくものがみられます。日本では，1970 年代に企業爆破テロ等を実行した「連合赤軍」等の左派系組織，1995 年に地下鉄サリン事件を起こした宗教団体「オウム真理教」等がテロ組織として挙げられます。

国際テロ組織「アルカイダ」の登場

現在，イスラム過激思想を背景とするテロが世界の広い範囲で頻発するようになった背景には，1980 年代後半ごろの国際テロ組織「アルカイダ」の登場が影響をもたらしているとされます。アルカイダは，サウジアラビア出身のウサマ・ビン・ラーディンらにより組織され，1990 年代以降，世界各地域のテロ組織と連携する手法で，広範囲で多くのテロを指揮し，米国同時多発テロ（2001 年）を実行しました。その後もアルカイダと連携する各地の過激派組織等がロンドン同時爆破テロ（2005 年），ムンバイ同時襲撃テロ（2008 年）等を起こし，テロの地域的拡散が進展しました。

「ホームグロウン」型テロの増加

2010 年代以降，アルカイダ等が，インターネット等を利用した世界規模

第6章　海外危機管理担当者が知っておくべき知識

170

でのテロ要員勧誘活動を展開するようになり，世界各国で同調者が多数現れるようになりました。ソーシャルメディア等を通じて過激思想に感化された同調者たちが，自国内で独自にテロを計画・準備し，実行するテロ形態は，「ホームグロウン」型，「ローンウルフ」型とよばれ，米国で発生したボストンマラソン爆破テロ事件（2013年）が典型例とされました。

これらの形態は，個人や少人数のグループが実行主体となっている点に特徴があり，従来の組織的テロに比較して，取り締まり・摘発・未然防止がより一層困難であることが指摘されます。

過激派組織「イスラム国」（Islamic State：IS）の台頭

2014年，アルカイダの流れを汲む過激派組織「イスラム国」（IS）がシリアで「国家樹立宣言」を行い，世界的な注目を集めたことで，インターネットを通じた勧誘活動に同調する者が世界中で大幅に増加しました。彼らは当初，ISの本拠であるシリアへ渡航しISの戦闘に参加しようとし，有志連合各国の空爆等によりISの支配地域が縮小すると，改めて自国内での独自テロを指向するようになりました。フランス同時多発テロ（2015年），ベルギー連続爆破テロ（2016年）等，ISの指揮・支援・影響を受けた者による無差別・大量殺戮テロが多数発生しており，ISはこれらを（実際の関与度合いにかかわらず）自らの犯行と「宣言」または「追認」してテロ行為を讃え，さらに注目を集めることでテロ要員の新たな勧誘を推進しているとみられます。

ISはその後，イラク軍等の攻撃を受け支配地域を大幅に失い，シリアでの勢力は弱まっています（2017年10月現在）が，ISに同調する者による「ホームグロウン」型等のテロは依然として欧州をはじめ世界各国でみられ，テロの地域的拡散がさらに進展している，と言えます。

6章
7 「政変・紛争・暴動」の 世界的状況を教えてください

政変・紛争・暴動リスクの特徴

近年，ニュース報道等で海外の戦争・紛争や政変・暴動等を耳にする機会が多くあります。企業は投資先・進出先を選定する際に，対象国や地域の政治的安定性を評価するのが一般的であり，政情が不安定な国や地域に新たに投資・進出することはほとんどないと思われますが，当初安定しているとみられた国や地域の政情が急激に変化し，企業活動に大きな影響が及ぶ例もあります。

次ページの表は日本企業が比較的多く進出している国・地域で近年発生した政変・紛争・暴動の主な事例です。

政情変化について知っておくべきこと

クーデターなどの急激な政情変化を事前に予測するのは，非常に難しい場合があります。また，事故や自然災害等のリスク事象においては，現地（発生地）での情報収集が有用ですが，政情変化においては，報道統制等により，現地での情勢判断が必ずしも正しくない場合も多いのです。

一般的に，現地の報道，現地の一般市民の政情悪化に関する観測は，そのような事態は何としても避けたい，想像したくないという心情が働くため，楽観的となる例が多くみられます。当該国・地域に長く居住し現地に愛着を持つ駐在員は，同様な傾向がみられ，そのことは実際に情勢が急激に悪化した場合に，迅速な状況判断を鈍らせる可能性があります。

先進国政府の専門家でも予測することが難しい政情変化を，企業が予想するのは非常に困難ですが，上記の特徴を念頭に，現地側のみの判断に頼るのではなく，本社側が日本国内のみならず海外を含めた幅広い情報収集に取り組み，より俯瞰的に情勢をみて，会社としての意思決定を行うこと

が求められます。

■ **日本企業が多く進出している国・地域における近年の紛争, デモ・暴動事例** ■

発生時期	国・地域	事件・事故等	概要
2010年	タイ	反政府デモ・暴動	反独裁民主戦線（UDD）のデモ隊と治安部隊との間で大規模な衝突が発生, 邦人1人を含む24人の死者と850人を超える負傷者が出た。
	韓国	軍事攻撃	11月23日, 北朝鮮が, 韓国が主張する黄海上の北方限界線（NLL）を越え延坪島（大延坪島）に約170発の砲弾を発射し, 韓国軍も対抗射撃を行い, 戦闘機を同島上空に緊急出撃させた。
2012年	中国	反日デモ	日本政府による尖閣諸島国有化等に反発し, 中国国内の約110都市で激しい反日デモが発生, 一部が暴徒化し, 放火・略奪・破壊行為等が発生した。
2013年	ブラジル	反政府デモ	6月, FIFAワールドカップ会場建設への国費投入や公共料金値上げ等へ反発するデモが広範囲に拡大し, 約100都市100万人規模となった。
2014年	バングラデシュ	デモ・暴動	1月に投開票が行われた議会選挙に対し野党連合18党がボイコットしたほか, 投票所の放火等混乱が広がり, 野党勢力と治安部隊の衝突により2日間で26人が死亡した。
	タイ	クーデター	5月, 陸軍司令官がテレビを通じて, 軍が全権を掌握すると発表, クーデター宣言を行った。
	香港	デモ・暴動	9月, 民主的な行政長官公選制導入などを求めるデモ隊がビジネス街セントラル（Central, 中環）および周辺の複数の地区を占拠し, 抗議行動を展開, デモ参加者は主催者発表で10万人を超えた。
2016年	インド	デモ・暴動	2月, 首都ニューデリー近郊の, ハリヤナ州ロータクで, 特定の身分集団「ジャート」（Jat）による州政府に対する抗議デモが展開され, 少なくとも19人が死亡, 200人以上が負傷した。
	トルコ	クーデター（未遂）	7月, 国軍の一部（反乱軍）が主要都市でクーデターを起こしたが, 反乱軍は国民の支持を得ることができず, 翌日には武器を捨て, 政府側に投降し, クーデターは未遂に終わった。民間人を含む232人が死亡, 1,541人が負傷したとされ, 軍人や公務員等が多数拘束された。

政治リスクマネジメントが求められる

　政治リスクは「政治的行為，特に国家の生存戦略によって生じる不確実性」と定義でき，企業にとっての政治リスクは「セキュリティリスク」と「政策変更リスク」に大別できます。海外危機管理が対象とするのはこのうち，主にセキュリティリスクです。

　政治リスクに対しては企業として，以下のようなマネジメントが求められます。

　1．リスクオーナー（主管部署）の決定

　2．被害シナリオの検討

　3．対策の検討・実施

　4．政治リスクのモニタリング

　5．社内外とのリスクコミュニケーション

■ 政治リスクの分類例 ■

大分類	中分類	
セキュリティリスク	戦争・紛争	
	内乱・クーデター（大規模デモを含む）	
		分離独立運動
	テロ	
政策変更リスク	不利益な政策変更・政治決定	
		契約不履行・違反
		債務不履行
		外貨交換・送金規制
		収用

在留邦人が多い国での政情変化
～ジャカルタ暴動（1998年）～

─── 日本企業・在留邦人が多い国・地域で発生した急激な政情悪化 ───

　在留邦人が多い国で政情が急変し，多くの邦人が緊急避難を行った事例としては，インドネシアの首都ジャカルタで1998年に発生した暴動（ジャカルタ暴動）が挙げられます。スハルト大統領（当時）が，燃料・電気料金の大幅値上げを発表したことがきっかけとなり，5月14日にジャカルタ市内で暴動が発生し，群衆による投石・略奪・放火が市内各所で激化すると，外務省は当時の危険情報「危険度2：観光旅行延期勧告」を発出，15日には「危険度3：渡航延期勧告」，17日には「危険度4：家族等退避勧告」に引き上げて注意を喚起しました。同国には当時，約13,000人の邦人が在留していましたが，混乱のなか，華人を狙った暴力事件が多数発生し，一部邦人も取り囲まれ殴打されるなどの被害を受けました。

─── 在留邦人の一斉避難 ───

　15日には外国人が空港に殺到し混乱が発生，16日に民間航空会社が政府の要請を受けて臨時便運航を決定すると，予約受付開始とともにすぐに満席となりました。17日には日本大使館が市内から空港までバス輸送を手配しました。この間，同国から脱出する邦人は1日2,000人以上に上り，約9,000人が国外へ一時避難しました。

　幸い空港・航空便は封鎖・停止されることなく稼働し，電気・電話等のインフラも停止することはありませんでした。外務省・大使館が当時普及途上であったインターネットを使った情報発信を積極的に行ったことも効果を上げ，邦人の避難は概ね円滑に行われたとされます。

　なお，一部の企業はいち早く状況を察知し，先手を打って避難を行いました。企業としては早期の避難を含め，インフラの停止等最悪の事態も想定した備えを検討する必要があると言えます。

「自然災害」の世界的状況を教えてください

増加する世界の自然災害

　世界の自然災害の件数は，1990年代後半から大幅に増加しています。増加の原因は気候変動による異常気象に加え，経済成長に伴う急激な都市化と人口増加が影響しているとされています。新興国・途上国の臨海部にある都市に人口が流入することで，洪水や暴風雨といった自然災害の被害が大規模化する傾向がみられるとされます。

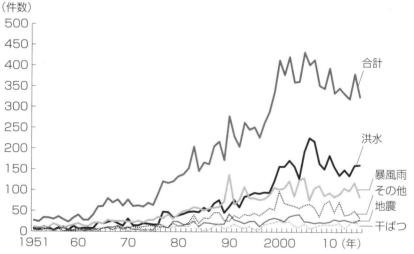

■ 世界の自然災害件数の推移 ■

出典：EM-DAT：The OFDA/CRED International Disaster Database をもとに筆者作成

自然災害リスクを考えるうえでの注意点

(1) 発生の予測が困難

　一般的に自然災害の発生予測は困難です。それでも台風や洪水等の風水害であれば気象観測の発達により数時間～数日前に発生を予測することが

可能ですが，地震等は現在の技術水準においても予知は非常に困難とされています。また，大規模な洪水や地震等は数十年〜数千年といった非常に長い周期で発生する場合があり，「○年間発生していないから」といった，企業や個人等の経験に基づく予測では判断を誤るおそれがあります。

(2) 発生傾向が世界的規模で変化する

先に述べたとおり，近年の気候変動と臨海部にある都市の人口増加等により自然災害の発生傾向そのものが世界的規模で変化しています。とくに日本企業が多く進出する東アジア・東南アジア・南アジア各国地域については，多様性に富んだ地理的特徴から災害件数が増加傾向にあります。

(3) 当該国・地域の防災対応力により被害規模が左右される

自然災害においては，建物の耐震設計基準の制定・適用や洪水を防止する堤防構築等の治水事業の推進等，当該国・地域の防災政策により被害規模が大きく左右されます。近年日本企業が多く進出する新興国・途上国においては，防災政策に十分な予算が確保されていない例も散見され，災害時の被害が予想以上に甚大となる例もみられます。

(4) 広域自然災害ではインフラ利用停止により状況が悪化する

広域にわたる自然災害では，インフラや政府機関・企業・住民等が同時に被災するため，現地行政による十分な支援が期待できず，企業にとってはほかの事故や災害に比較して対応が困難になる場合が多いと言えます。

世界の自然災害リスク

国際連合大学（本部：日本）が 2016 年に発表した「世界リスク報告書2016」では，世界 171 ヶ国の自然災害リスクを比較し，ランキングを示しています。同報告書では，各国の自然災害リスクを「エクスポージャー」（地震，台風・ハリケーン，洪水，干ばつ，海面上昇の 5 種類の災害にどの程度さらされているか）と「脆弱性」（感受性，対処能力不足，適応能力不足）の観点から指標化し，比較を行っています。日本企業が多く進出する

177

国々でのランキングは次の通りです。

■ 世界の自然災害リスク(2016 年)(全 171 ヶ国) ■

順位	国・地域名	順位	国・地域名	順位	国・地域名
3	フィリピン	101	南アフリカ	142	モンゴル
5	バングラデシュ	105	ハンガリー	143	ベルギー
9	カンボジア	106	トルコ	144	スペイン
17	**日本**	113	韓国	145	カナダ
18	ベトナム	116	ニュージーランド	147	ドイツ
22	チリ	119	イタリア	152	フランス
36	インドネシア	121	オーストラリア	155	スイス
42	ミャンマー	123	ブラジル	159	シンガポール
49	オランダ	127	米国	160	フィンランド
77	インド	128	ロシア	162	スウェーデン
85	中国	131	英国	163	アラブ首長国連邦
86	マレーシア	132	パラグアイ	169	サウジアラビア
89	タイ	135	オーストリア	171	カタール
95	メキシコ	137	チェコ		
100	ラオス	140	ポーランド		

※上位ほど自然災害の被害を受けやすい。
出典：United Nations University "WorldRiskReport 2016" より抜粋

企業として求められる対策

　自然災害リスクについては，上記の特性を勘案し，企業として以下のような対策を検討しておく必要があります。

(1) 気象情報のモニタリング体制構築

(2) 従業員・関係者の緊急連絡網の整備・更新

(3) 緊急時のための水・食料等生活物資の備蓄

(4) 各立地における自然災害リスクの評価と緊急時対応体制構築

知っておきたいポイント

海外における自然災害被害
～タイ洪水被害（2011 年）～

―――― タイ洪水被害（2011 年）の経緯，被害状況 ――――

　日本企業が多数進出する国で自然災害が発生し，企業経営に大きな影響をもたらした事例として，2011 年のタイ洪水被害が挙げられます。

　2011 年 10 月，タイの首都バンコク，アユタヤ県等を通るチャオプラヤー川流域で氾濫による洪水が発生，周辺 7 ヶ所の工業団地が相次いで冠水し，自動車関連，電気・電子，精密機器等の多くの製造工場が 2 ヶ月程度にわたり操業停止を余儀なくされました。これは，同国北部・東北部で 7 月から継続して発生した台風を含む豪雨による洪水被害が徐々に下流のアユタヤ県等へ波及したことによるものでした。

　冠水した工業団地では 12 月初旬までにポンプなどによる排水が完了し，復旧作業が順次開始されましたが，汚染された工場建屋の洗浄，機械・設備の洗浄や入替えが必要となり，復旧にはさらに数ヶ月を要する例が多数みられました。

　被災した工業団地はいずれも日本企業が多く入居していたため，多くの日本企業が操業停止等により甚大な被害を受けました。さらにアジアの重要な製造拠点であるタイが操業停止に陥ったことで日本や第三国でのサプライチェーンにも深刻な影響が生じ，日本企業の世界中の製造拠点に影響が波及しました。

―――― 災害時に気付かされる日本との環境の違い ――――

　災害対応・復旧対応の過程で，日本との環境の違いも浮き彫りとなりました。タイの被災地域は広大な平野で高低差が少ないため，洪水が発生すると日本と異なり 2 ヶ月間もの長期間，水が引かない点は，現地では当然でも邦人からは驚きをもって受け止められました。現地の災害環境をよく知ることが重要であることを，改めて認識させられた事例と言えます。

9 「感染症」の世界的状況を教えてください

近年の主な感染症

　海外で近年発生した感染症の主な感染拡大事例としては、SARS（重症急性呼吸器症候群）の流行（2003年）、新型インフルエンザA（H1N1）の世界的感染拡大（2009年）、MERS（中東呼吸器症候群）の流行（2012年～）、西アフリカにおけるエボラ出血熱の流行（2014～2016年）等が挙げられます。これらはいずれも、世界的に注目され、多くの企業の経営に大きな影響を及ぼしました。近年では中国等で人への感染が相次いでいる鳥インフルエンザA（H7N9）についても専門家が懸念を示しています。

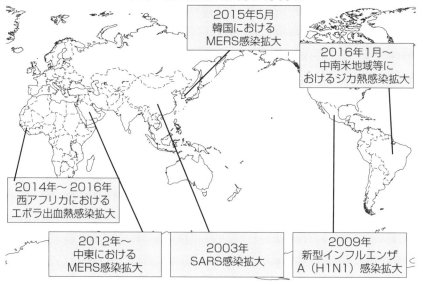

近年の主な感染症感染拡大事例

感染症リスクの特徴

感染症の感染拡大を企業のリスクとして捉えた場合，以下のような特徴を指摘することができます。

（1）短期間で感染地域が拡大

航空機ネットワークが発達した現在においては，SARS やインフルエンザのように感染力の高い感染症は非常に短期間で感染地域が世界に広がってしまいます。新型インフルエンザ A（H1N1）では，2009 年 4 月 24 日に WHO（世界保健機関）がメキシコでの感染確認を発表して 2 週間後には 26 ヶ国で感染が確認され，日本でも 5 月 9 日に感染が確認されました。

（2）影響の範囲がきわめて広域

感染症の影響範囲は上記の例のように世界中に広がり，テロや自然災害に比較しても非常に広域に影響が及びます。

（3）影響が及ぶ期間が長期にわたる

日本政府が公表している「新型インフルエンザ等対策政府行動計画」では，新型インフルエンザ等が世界的に感染拡大する事態となった場合，流行は「各地域で約 8 週間続く」と仮定しています。過去の事例をみても，少なくともこの程度の期間は流行が続くことを想定しておく必要があるとされます。

（4）企業としてできる対策が限定的・不確実

「新型インフルエンザ等対策政府行動計画」では，「新型インフルエンザ等の発生時期を正確に予知することは困難であり，また，その発生そのものを阻止することは不可能」と記載されています。この認識を前提に，感染拡大を可能な限り抑制すること，国民生活および国民経済に及ぼす影響が最小となるようにすることが対策の目的としています。企業においても，感染を予防するのは不可能との認識に基づき，経営への影響をできる限り小さくする取組みが求められます。

(5) 心理面への影響が大きい

　感染症やその原因となるウイルス等は目に見えません。人間は目に見えないものを必要以上に恐れる傾向があるため，心理面への影響が大きいと言われます。企業としては従業員に対して信頼できる正確な情報を提供し，従業員が過度に恐れ，パニック等に陥ることのないよう，備えることが必要です。

企業として求められる対策

　感染症については，まずすべての拠点で以下の対策が求められます。

(1) 平時からの感染症対策：体調が悪い人は職場に来させない，「手洗い」を細目に徹底する，などの対策の定着・習慣化

(2) 協力し合う組織作り：部署間での協力体制の構築

(3) 顔の見えるネットワーク作り：同業・地域等でのネットワーク

　加えて，感染拡大時においても継続すべき業務のある拠点においては，事業継続計画の策定と教育・訓練が必要です。

未知の感染症の感染拡大
～SARS感染拡大（2003年）～

── 未知の感染症の感染拡大 ──

　2002年から2003年にかけて，中国で発生した「SARS」とよばれる新型の感染症が短期間で感染地域を広範囲に拡大し，猛威を振るいました。SARSはSevere Acute Respiratory Syndromeという英語名の略で，日本語では「重症急性呼吸器症候群」と訳されます。肺炎等の呼吸器症状を示し，一部は重症化，死亡する場合もあります。中国南部の広東省で最初の症例が確認され，中国・香港・東南アジアのみならず，米国・カナダ等でも感染が確認されました。8,069人が感染し，775人が死亡したとされています。2012年以降中東で感染が拡大し，2015年には韓国でも感染拡大が発生した「中東呼吸器症候群」（MERS）と同じく，新種のコロナウイルスによるものです。

── 得られた教訓 ──

　世界保健機関（WHO）は直ちに中国等の現地に多くの専門家を派遣したほか，多くの研究機関が新型感染症の確認・特定のため，対応を行いました。しかし，中国の中央・地方政府による感染確認情報の不適切な管理・報告等に阻まれ，感染症の実態把握が難航し，思うように感染症の封じ込めが進まなかった場面もありました。感染症発生時の現地医療機関による「サーベイランス」（調査・監視）体制構築や国や組織を超えた迅速かつ正確な感染情報の共有など，多くの課題を行政・医療関係者に投げかけた感染症となりました。このときの反省は，その後の2009年の新型インフルエンザの世界的感染拡大の際などに活かされ，中国をはじめ各国で迅速な感染情報の共有が図られる契機となりました。

6章 10 「一般犯罪」の世界的状況を教えてください

海外での邦人犯罪被害事例

ここまで紹介した「危機事象」はいずれも「発生頻度は低いが発生した場合の影響が大きい」リスクです。一方，駐在員等がスリや窃盗等の犯罪被害に遭うリスクは，比較的に発生頻度の高い「危機事象」と言えます。

外務省発表の「海外邦人援護統計」によると，「強盗・窃盗・詐欺被害」により在外公館の援護を受けた事案件数は年間で4,473件，「所在調査」を除く総件数の34.5％を占めます。

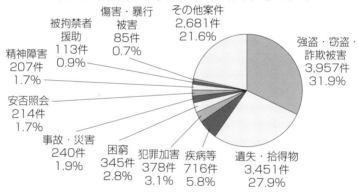

出典：外務省「2016年（平成28年）海外邦人援護統計」

地域別邦人犯罪被害発生状況

「海外邦人援護統計」から各地域別犯罪被害件数をみると右記の通りとなります。

「窃盗」が最も多く，全世界で3,416件に上り，とくに欧州での被害が多く発生しています。一方「詐欺」被害はとくにアジアで多く，「傷害・暴

地域別邦人犯罪被害発生状況

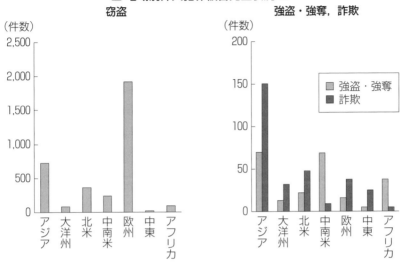

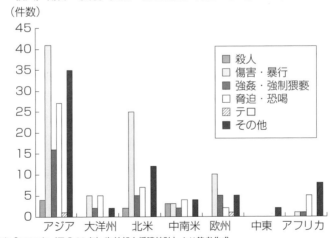

出典：外務省「2016年（平成28年）海外邦人援護統計」より筆者作成

行」「強姦・強制猥褻」「脅迫・恐喝」などもアジアが他地域に比べて非常
に多くなっています。

駐在員等の犯罪被害を防ぐために

犯罪被害を防ぐ方法は，駐在員等の各個人が防犯の意識を持ち，危険な
場所や行動など，状況をできるだけ早く察知し回避行動をとることに尽き
ます。つまり，駐在員等に対する教育・研修が非常に重要であると言えます。

出張者向け研修では，外務省「海外安全ホームページ」等を活用し，渡
航頻度の高い国・地域での最近の邦人犯罪被害事例を紹介し，注意を喚起
する必要があります。また出張者の犯罪被害は，たとえば到着空港から都
市への移動までの間の事例が多いため，到着空港での迎えの車の探し方や
よくある犯罪事例等を詳しく解説するのが効果的です。

駐在員・帯同家族向け研修では上記に加え，住居の防犯対策や交通機関
での移動時の注意点，日常生活における防犯対策等を解説する必要があり
ます。以下のような「海外安全における原則」等を示し，繰り返し徹底を
図ることも有用です。

■ 海外安全における原則 ■

1　平時より，自分を守るのは自分以外にいないという「セルフディフェンス」
　（Self-defense：自己防衛）の心構えを忘れない。
2　自分が常に犯罪者から狙われているとの前提に立ち，まずすべての人や状況
　を疑ってかかる。
3　信頼できる現地の人々とは，常に良好な人間関係を保つことを心がける。
4　その国の国情，文化，慣習を理解し，認識を深める。
5　本人，家族に関する情報，日常の行動等を第三者に把握されないよう努力する。
6　主体性を堅持しつつ，常に目立たないことを心がけ，節度ある行動をする。
7　常に周囲の人より，一歩先の（一段高い）安全対策を講ずる。
8　対象者，海外拠点および本社がお互いに緊密な連絡をとり，連携を強化して
　おく。
9　緊急時には，人命を最優先し，迅速かつ冷静に対応し，関係先に速やかに連
　絡する。

当局による拘束リスク

―― 海外における邦人拘束事例 ――

　海外では現地の警察等治安当局により，邦人が拘束される事例が散見されます。たとえば中国では，「スパイ容疑」で拘束される事例が近年相次いでいます。中国沿海部の山東省および海南省で2017年5月，邦人6人が国家安全当局に拘束されていることが報道等により明らかになりました。邦人6人はいずれも地下水や地盤の調査等を行う日系企業の社員でした。中国では2014年11月，スパイ行為を「国家機密や情報を窃取・偵察・買収・不法に提供する活動」などと定義した「反スパイ法」が制定され，2015年7月には「国家安全法」が正式に施行され，経済・文化・インターネット・宗教・テロリズムなど幅広い範囲に対する監視や規制が一層厳しくなっています。

　この他にも，タイにおいては，国王や王室関係者に対する中傷，侮辱等を禁じた同国刑法に基づく「不敬罪」の取締まりが厳しく，外国人の摘発事例が相次いでいます。過去には国王讃歌の演奏中に起立しなかった，などを理由に外国人が逮捕された事例があります。

　これらの，国・地域の政治・経済・社会環境に関する特殊な法令以外にも，入国管理，治安維持，麻薬取締等の法令に違反し，拘束される事例も多くみられます。

―― 企業としての備え ――

　各国には各国の法令・制度があり，邦人の感覚からは意外と感じられる行為が厳格な規制の対象となる場合もあります。企業としては不測の事態を避けるため，駐在員等全員に，渡航先の国・地域の注意すべき法令情報を的確に把握させるとともに，万一，拘束等の事態となった場合の対処法等について，平常時から研修等で徹底しておく必要があります。

6章

11 「交通事故」の世界的状況を教えてください

交通事故リスクの統計

　交通事故リスクは本章 10 の犯罪リスクと並んで発生頻度が高いものです。とくに新興国・途上国では，急激なモータリゼーション（自動車の大衆化）の進展により，交通法令・道路等のインフラ整備が遅れていることや，運転者の運転技術・モラルが低いことから，交通事故が多発している例がみられ，駐在員等が被害に遭う事例もみられます。

■ 人口10万人あたり交通事故死亡者数推定値ランキング ■

順位	国・地域名	地域分類	人口10万人あたり交通事故死亡者数推定値	順位	国・地域名	地域分類	人口10万人あたり交通事故死亡者数推定値
1	リビア	アフリカ	73.4	38	南アフリカ	アフリカ	25.1
2	タイ	東南アジア	36.2	42	ベトナム	東南アジア	24.5
8	イラン	中東	32.1	52	マレーシア	東南アジア	24.0
15	ドミニカ共和国	米州	29.3	56	ブラジル	米州	23.4
16	ケニア	アフリカ	29.1	66	ナイジェリア	アフリカ	20.5
23	サウジアラビア	中東	27.4	67	ミャンマー	東南アジア	20.3

出典：WHO "Global status report on road safety 2015" より筆者作成

地域別邦人交通事故発生状況

　「海外邦人援護統計」から各地域の邦人が巻き込まれた交通事故件数，死亡者数，負傷者数をみると以下の通りとなります。邦人についてはアジアでの交通事故が突出して多いことがうかがえます。

交通事故を防ぐために

　まず海外での自動車の運転に伴うリスクを低減するため，企業としては，

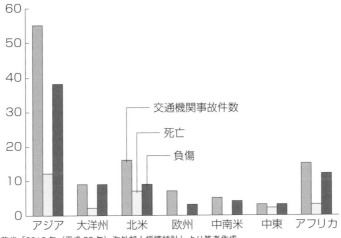

出典：外務省「2016年（平成28年）海外邦人援護統計」より筆者作成

　新興国・途上国等，交通マナーや治安が悪い地域では公私を問わず自動車の運転を禁止し，駐在員・帯同家族に対しては運転手付のリースカー等を会社で手配し，使用させるのが望ましい対応です。運転を認める場合は，当然ながら現地の交通事情を把握し，現地交通法規の遵守と安全運転を徹底する必要があります。

　交通事故リスクの高い国・地域では，現地の環境を踏まえ，駐在員等に以下のような指示を出すことが望まれます。

　（中国の駐在員等への指示の例）
- ◆現地での自動車の運転は禁止する。会社が手配する信頼のおける運転手の自動車を利用する
- ◆高速道路等移動時は，適宜運転手の様子を確認し，居眠りや注意力の低下等がみられないか確認する
- ◆夜間遅い時間帯の長距離移動は極力避ける
- ◆道路歩行時は，車両は右側通行であること，交差点右折時赤信号進入

可であることに常に注意する

◆中国の都市部では免許不要の電動スクーターによる歩行者との接触事故，死亡事故が多発していることを勘案し，歩行時はとくに注意する

国によって異なる交通事故発生時の対応

交通事故発生時にどう対応すべきか，については，各国・地域ごとに法令の定めがあるため，その国・地域での適切な対応を確認し，駐在員等にあらかじめ周知しておく必要があります。

事故に遭遇し，負傷者がある場合の支援要請先，救急車の要請方法，警察への通報方法，相手がある事故の場合の交渉における規則（警察がくるまで交渉しない等），現場保全に関する規則等は，外務省「海外安全ホームページ」の各国ページにある「安全の手引き」等に詳細に解説されている例が多いので，これらを確認し，できれば自動車利用時は常に携帯すると良いでしょう。

たとえばインドでは，歩行者を轢いてしまった場合，野次馬が暴徒化し，運転者が襲撃される場合があります。このような場合にはまず最寄りの警察署に駆け込む等の自衛手段を講じることが必要となる場合もあります。

交通インフラ整備ランキング

―― 交通インフラの質ランキング ――

「ダボス会議」で有名な「世界経済フォーラム」(World Economic Forum：WEF) は，年次総会に先立って「グローバル競争力報告書」(The Global Competitiveness Report) を毎年発表しています。同報告書は世界の主要国の「競争力」について12の項目にわたって評価していますが，評価項目の1つに「インフラ整備状況」があり，そのなかで道路・鉄道・港湾・航空等の交通インフラの整備状況を評価しています。以下はこのうち，アジア主要国の「道路インフラの質」ランキングを抜粋したものです。

■「道路インフラの質」ランキング（アジア主要国・地域のみ）■

No.	国・地域名	順位(137ヶ国中)	評価ポイント
1	シンガポール	2	6.3
2	**日本**	**6**	**6.1**
3	台湾	11	5.6
4	韓国	12	5.6
5	マレーシア	23	5.3
6	中国	42	4.6
7	インド	55	4.3

No.	国・地域名	順位(137ヶ国中)	評価ポイント
8	タイ	59	4.3
9	インドネシア	64	4.1
10	ベトナム	92	3.4
11	ラオス	94	3.3
12	カンボジア	99	3.2
13	フィリピン	104	3.1

出典：WEF" The Global Competitiveness Report 2017-2018" より抜粋

―― 交通手段の選択に関する考え方 ――

ところで，航空機，鉄道，自動車が交通手段として選べる場合，どれが一番安全な手段でしょうか？ 一般論としては，航空機が最も安全であり，鉄道，自動車の順で安全とされます。途上国では，航空機や鉄道の事故が多発する例などもありますが，一般的には長距離移動においては自動車の利用は避けた方が良い，という点も念頭に置いておく必要があります。

海外出張における航空会社の選び方

―― 安全な航空会社を選択する基準 ――

　前述のとおり，航空機は鉄道・自動車に比較して最も安全な交通手段とされていますが，それでも世界では墜落等の重大事故がまれに発生しています。万一にも重大事故に巻き込まれないため，より安全な航空会社を選定する際のポイントはあるのでしょうか。

　米国および欧州委員会では，外国航空会社の安全管理体制および各国政府の航空監督体制を評価し，基準に達しない航空会社の自国への乗り入れを禁止しています。これらの対象航空会社は米国・欧州当局が最低限の安全性が確保できていないと評価していると言えますので，企業としても利用禁止を判断する基準になり得ます。

　米国の連邦航空局（FAA）は，航空監督体制が国際民間航空機関（ICAO）基準に合致しないと判定している国を公表しており，当該国の航空会社は米国への新規乗り入れが認められません。同判定を受けている国は2017年11月現在，アジアではタイ・バングラデシュとなっています（https : //www.faa.gov/about/initiatives/iasa/）。

　欧州委員会は，「EU域内乗り入れ禁止航空会社リスト」を定期的に更新し，ウェブサイトに掲載しています（https : //ec.europa.eu/transport/modes/air/safety/air-ban_en）。

―― 企業としての考え方 ――

　企業としては，航空機については，複数のルートや航空会社が選択できる状況であれば，できる限り直行便を選び，前述の米国や欧州委員会等，信頼できる機関による安全性評価を参考に，危険性が高いとされる航空会社を避けるなどの対応を徹底することが求められます。

海外出張におけるホテルの選び方

―― 安全なホテルを選ぶためのポイント ――

海外におけるホテル選定については会社として,一定の選定基準・ルールを決め,駐在員等の最低限の安全性が常に確保されるよう徹底を図る必要があります。

ホテルの選定にあたっては,現地の治安状況と利用目的に照らし合わせて,安全性の高いホテルを選ぶ必要があります。渡航先や時期,滞在期間の長さ等によって安全対策の考え方は異なってきますが,一般的には少なくとも以下のポイントを必ず確認すべきとされます。

- ◆ホテル周辺の治安状況
- ◆ホテルのセキュリティの充実度合い・評判
- ◆空港等からホテルおよびホテルから訪問先等の間のルートの安全性

とくにホテルのセキュリティの充実度合いは,実際に訪問し,滞在してみないとわからない部分が多くあります。この観点で,過去に訪問・滞在した駐在員等の評価等がある場合は,こういった情報をもとに判断することも重要です。

一般にホテルのグレードを示す際によく使われる「5つ星」などの星等級制(スターレート)による格付けはある程度は参考になりますが,実は世界統一の基準は存在せず,国・民間団体が独自に定めた基準に従ってホテルの設備の有無等を中心に評価していることが多く,過信は禁物です。

―― 部屋の選定におけるポイント ――

滞在時の部屋の選定においては,爆破テロや侵入盗を想定し低層階のロビー・入口側は避け,火災時の避難等を想定し,6~7階の中層階を選ぶよう,徹底する必要があります。またテロ被害等を避けるため,ロビー等での滞在時間は最小限にするなどが必要です。

6章 12 国・地域ごとのリスクをどのように評価すべきですか？

国・地域別のリスク評価を知る

　海外危機管理を考えるうえで，国・地域ごとのリスクの違いを理解するのは非常に重要な点です。たとえば最も基本的なところとして，外務省「海外安全ホームページ」に掲載されている「海外安全情報」は，国・地域ごとの渡航の安全性を4段階の「危険情報」カテゴリーとして表しています。

■ 外務省「海外安全情報」■

（危険情報カテゴリーの説明）

レベル1：十分注意してください。	その国・地域への渡航，滞在に当たって危険を避けていただくため特別な注意が必要です。
レベル2：不要不急の渡航は止めてください。	その国・地域への不要不急の渡航は止めてください。渡航する場合には特別な注意を払うとともに，十分な安全対策をとってください。
レベル3：渡航は止めてください（渡航中止勧告）。	その国・地域への渡航は，どのような目的であれ止めてください。（場合によっては，現地に滞在している日本人の方々に対して退避の可能性や準備を促すメッセージを含むことがあります。）
レベル4：退避してください。渡航は止めてください（退避勧告）。	その国・地域に滞在している方は滞在地から，安全な国・地域へ退避してください。この状況では，当然のことながら，どのような目的であれ新たな渡航は止めてください。

出典：外務省「海外安全ホームページ」より（2018年3月29日閲覧）

カントリーリスク評価

　現地に投資を行う，または現地政府や現地企業と商取引を行う際の中長期的なリスクを評価したものとして，「カントリーリスク評価」があります。

　カントリーリスクとは，「海外の投融資や貿易を行う際，個別事業・取引の相手方が持つリスクとは別に，相手国・地域の政治・社会・経済等の環境変化に起因して，当初見込んでいた収益を損なう，又は予期せず損失が発生する危険」等と定義されます。代表的なものとしては，株式会社格付投資情報センター「R&I カントリーリスク調査」等があります。同調査では，同センターおよび外部各分野の専門家の判断をもとに，各国のカント

■ **カントリーリスク総合評価ランキング** ■

順位	国・地域名	評点	順位	国・地域名	評点
1	スウェーデン	10.0	30	カタール	7.3
1	オーストラリア	10.0	34	スペイン	6.7
1	ニュージーランド	10.0	35	中国	6.6
5	シンガポール	9.8	41	南アフリカ	6.3
5	カナダ	9.8	41	インド	6.3
5	フランス	9.8	47	フィリピン	6.1
5	ドイツ	9.8	47	インドネシア	6.1
5	フィンランド	9.8	49	ハンガリー	6.0
5	米国	9.8	49	タイ	6.0
11	英国	9.7	49	ベトナム	6.0
12	オランダ	9.6	56	ブラジル	5.9
12	オーストリア	9.6	57	ロシア	5.4
15	ベルギー	9.4	58	パラグアイ	5.3
17	チリ	8.3	64	トルコ	4.8
18	台湾	8.0	68	ミャンマー	4.5
19	チェコ	7.8	74	バングラデシュ	4.3
21	メキシコ	7.7	74	カンボジア	4.3
21	マレーシア	7.7	74	エジプト	4.3
23	アラブ首長国連邦	7.6	85	ラオス	4.0
23	イタリア	7.6	90	モンゴル	3.7
23	サウジアラビア	7.6			
28	ポーランド	7.5			
29	韓国	7.4			

出典：（株）格付投資情報センター「R&I カントリーリスク調査」（2017-秋号）より一部抜粋（評点が高いほど，リスクが低い）

リーリスク評価を定期的に実施し，公表しています。

「グローバル競争力報告書」

「知っておきたいポイント　交通インフラ整備ランキング」（188 ページ）で説明した「グローバル競争力報告書」（The Global Competitiveness Report）は，世界各国の「競争力」を 12 の項目にわたって評価しており，評価項目はリスクの観点だけではないですが，各国の抱えるリスク要因も含まれているので，ビジネスの利便性等の観点で参考になります。

■ グローバル競争力ランキング(2017-2018 年) ■

No.	国・地域名	順位	No.	国・地域名	順位
1	スイス	1	23	サウジアラビア	30
2	米国	2	24	チェコ	31
3	シンガポール	3	25	タイ	32
4	オランダ	4	26	チリ	33
5	ドイツ	5	27	スペイン	34
6	香港	6	28	インドネシア	36
7	スウェーデン	7	29	ロシア	38
8	英国	8	30	ポーランド	39
9	日本	9	31	インド	40
10	フィンランド	10	32	イタリア	43
11	ニュージーランド	13	33	メキシコ	51
12	カナダ	14	34	トルコ	53
13	台湾	15	35	ベトナム	55
14	アラブ首長国連邦	17	36	フィリピン	56
15	オーストリア	18	37	ハンガリー	60
16	ベルギー	20	38	南アフリカ	61
17	オーストラリア	21	39	ブラジル	80
18	フランス	22	40	カンボジア	94
19	マレーシア	23	41	ラオス	98
20	カタール	25	42	バングラデシュ	99
21	韓国	26	43	モンゴル	101
22	中国	27	44	パラグアイ	112

出典：WEF" The Global Competitiveness Report 2017-2018" より抜粋

不安定化する世界〜平和度指数ランキング〜

——— 世界情勢は不安定化している？ ———

近年，国際情勢の不安定化が指摘されることが多くなってきています。米国や国際連合等の情勢安定化に向けた影響力の相対的な低下，中国・ロシア等の覇権主義，2010年「アラブの春」以降の中東諸国の不安定化等が要因とされています。こうした国際情勢の不安定化は間違いなく，海外でのビジネス展開や海外危機管理の観点でマイナスの要素と言えます。

——— 平和度指数ランキング ———

英国のシンクタンク，経済平和研究所（IEP）は各国・地域の「平和度」を23の指標で評価した「世界平和度指数」を毎年算出し，結果を公表しています。この指数は，治安の良さとは異なり，各国・地域がどの程度「平和」かを相対的に数値化しようという試みです。23の評価項目は内的状況（暴力，犯罪等）と外的状況（軍事費，戦争等）で構成されます。

■ 平和度指数ランキング（下位20%のみから抜粋）■

順位（163ヶ国中）	国・地域名	スコア
133	サウジアラビア	2.474
137	インド	2.541
138	フィリピン	2.555
142	メキシコ	2.646
146	トルコ	2.777
151	ロシア	3.047

出典：IEP"Global Peace Index 2017"より一部抜粋

——— 政治リスクに対する監視体制 ———

企業としては，平和度指数を含む様々な政治リスクの評価，情報を平常時から収集し，自社が進出する国・地域における，情勢変化のリスクを常に監視（モニタリング）することが求められます。

6章
13 国・地域ごとの生活環境を どのように評価すべきですか?

生活環境のランキング

　各国へ駐在員等を派遣するに当たって，その国・地域の生活環境の良さ
は重要な要素です。米国の組織・人事コンサルティング会社マーサー
（Mercer）が発表した「2017年世界生活環境調査」では，政治・社会環境，
経済環境，文化環境，健康・衛生，学校・教育，公共サービス・交通，レ
クリエーション，消費財，住宅，自然環境の10カテゴリー39項目につい
て各都市を評価し，ランキングしています。

■ 生活環境ランキング ■

順位	都市名	国・地域名	順位	都市名	国・地域名
1	ウィーン	オーストリア	85	台北	台湾
2	チューリヒ	スイス	86	クアラルンプール	マレーシア
3	オークランド	ニュージーランド	95	サンチアゴ	チリ
4	ミュンヘン	ドイツ	96	ヨハネスブルグ	南アフリカ
5	バンクーバー	カナダ	108	ドーハ	カタール
6	デュッセルドルフ	ドイツ	109	ブラジリア	ブラジル
7	フランクフルト	ドイツ	115	アスンシオン	パラグアイ
8	ジュネーブ	スイス	119	北京	中国
9	コペンハーゲン	デンマーク	128	メキシコシティ	メキシコ
10	バーゼル	スイス	131	バンコク	タイ
10	シドニー	オーストラリア	133	イスタンブール	トルコ
38	パリ	フランス	135	マニラ	フィリピン
40	ロンドン	英国	143	ジャカルタ	インドネシア
47	**東京**	**日本**	144	ハイデラバード	インド
49	ワシントンD.C.	米国	152	ホーチミン	ベトナム
57	ローマ	イタリア	161	ニューデリー	インド
69	プラハ	チェコ	166	リヤド	サウジアラビア
71	香港	香港	168	モスクワ	ロシア
74	ドバイ	アラブ首長国連邦	171	ビエンチャン	ラオス
76	ソウル	韓国	198	プノンペン	カンボジア
78	ブダペスト	ハンガリー	203	ヤンゴン	ミャンマー
81	ワルシャワ	ポーランド	214	ダッカ	バングラデシュ

出典：Mercer"2017 Quality of living rankings" より一部抜粋

大気汚染の実態

2012年ごろ，中国の都市部における大気汚染，とくに微小粒子状物質「PM2.5」による汚染の深刻さが指摘されるようになりました。ただ，大気汚染がひどいのは中国だけではありません。

世界保健機関（WHO）は2016年5月，世界103ヶ国・地域の3,000都市を対象に粒子状物質の測定値に基づく大気汚染の調査結果を発表しました。これによると，たとえばPM2.5の年間平均測定値の上位には，インドや中国の各都市が多く並んでいる一方，イラン，サウジアラビア，カメルーン，パキスタン等，中東・アフリカ・アジアの様々な国々が上位に入っており，世界の広い範囲で大気汚染が深刻化していることがうかがえます。

企業としては，各地域の大気汚染に関する現状を把握し，必要に応じて駐在員等の健康被害の防止策を確認・周知しておく必要があります。

■ PM2.5（年間平均測定値）上位20都市 ■

No.	都市名	国名	PM2.5年平均測定値 ug/m³
1	ザーボル	イラン	217
2	グワリオール	インド	176
3	アラハバード	インド	170
4	リヤド	サウジアラビア	156
5	ジュバイル	サウジアラビア	152
6	パトナ	インド	149
7	ライプル	インド	144
8	バメンダ	カメルーン	132
9	ケイ台市（河北省）	中国	128
10	保定市（河北省）	中国	126
11	デリー首都圏	インド	122
12	ルディヤナ	インド	122
13	ダンマン	サウジアラビア	121
14	石家荘市（河北省）	中国	121
15	カーンプル	インド	115
16	カナ	インド	114
17	フィロザバード	インド	113
18	ラクナウ	インド	113
19	邯鄲市（河北省）	中国	112
20	ペシャワール	パキスタン	111

出典：
WHO "Global Urban Ambient Air Pollution database (update 2016)" をもとに筆者作成

駐在員・帯同家族にとって住みやすい都市とは？

――― 駐在したい都市ランキング ―――

　赴任先の国に数ヶ月～数年住むこととなる駐在員および帯同家族にとって，住みやすい都市とは，どのような都市でしょうか？

　世界中の390都市に270万人以上の会員を擁し，駐在員や移住者等，外国人として暮らす人々を対象としたイベント企画・情報サービス等を提供するインターネーションズ社（InterNations）は，2017年11月，「駐在都市ランキング2017」を発表しました。同ランキングは，40ヶ国に住む7,985人の外国人を対象に，各都市での生活を「都市生活の質」「定住化」「都市における仕事と生活」「財政と住宅」を柱とする25項目以上の側面で評価するアンケートを実施し，集計したものです。

■ 駐在に最適な都市ランキング（全51都市）■

順位	都市名	国・地域名	順位	都市名	国・地域名
1	マナーマ	バーレーン	47	ダブリン	アイルランド
2	プラハ	チェコ	48	リヤド	サウジアラビア
3	マドリード	スペイン	49	パリ	フランス
4	クアラルンプール	マレーシア	50	ジェッダ	サウジアラビア
5	アムステルダム	オランダ	51	ラゴス	ナイジェリア

出典：InterNations "Expat City Ranking 2017" より一部抜粋

　本章13で紹介した「生活環境ランキング」と比較すると，就業機会，キャリアアップや生活の楽しさなどを重視した評価になっているようで，住宅取得の難しさや英語が通じづらい環境等がマイナス評価となり，フランスのパリが下位評価（49位）となっているのは意外に感じられます。

――― 就業・生活環境の評価基準は多様 ―――

　就業環境の良さを重視するか，私生活の充実を重視するかなどによっても都市の評価は大きく変わります。ライフスタイルが様々である以上，一律な評価はなかなかできないものなのかもしれません。

駐在員・帯同家族のメンタルヘルス対策

―――― 駐在員・帯同家族のメンタルヘルスにおけるリスク要因 ――――

　駐在員・帯同家族には，慣れない海外での就業・生活における様々なストレス要因があり，残念ながらメンタルヘルスに不調をきたす例が散見されます。外務省「2016年（平成28年）海外邦人援護統計」によると，2016年に海外で「精神障害」により在外公館の援護を受けた邦人事例は207件，「自殺・同未遂」による死亡者は42人に上りました。これら死亡者のうち，21人（50％）はアジアでの事例が占めています。

　駐在員の置かれる環境は，派遣企業の規模・業種，赴任先（先進国／新興国・途上国，都市部／郊外，等），勤務組織の形態（現地法人／事務所，合弁／子会社，等）により千差万別ですが，ストレス要因としては，「期待と現実のギャップ」「希望しない赴任」「上司，同僚，現地採用スタッフとの軋轢」「職場でのハラスメント」「現地での祝福されない恋愛」など，様々な要素が挙がります。またこれらのストレス要因から，アルコール依存に陥り，飲酒・酩酊による問題行動やアルコールが引き金となるハラスメント行為等のトラブルにつながる事例もあり，注意が必要です。

　また帯同家族（配偶者）が強いストレスに悩む例もみられます。配偶者のストレス要因としては，「駐在員である配偶者がいつも不在」「自身のキャリア分断」「子供の教育」「親の介護」「現地使用人とのトラブル」「邦人社会での軋轢」等が挙がります。

―――― 企業として求められる対策 ――――

　国内と比較して海外においては，相談窓口や支援組織，専門医療機関が十分確保できないなどの制約があります。企業としては駐在員・帯同家族のメンタルヘルス対策の重要性を認識し，アシスタンス会社やメンタルヘルス専門サービス会社等のサービス利用等を検討する必要があります。

6章

14 国・地域ごとの汚職・腐敗蔓延の度合いについて教えてください

腐敗認識指数（CPI）

　世界の新興国・途上国では，政治家・公務員の腐敗・汚職が蔓延している国が少なくありません。腐敗・汚職が蔓延している国では，空港の税関の係官から不透明な金銭支払いを要求され，支払わないと通さないと言われる，警察官から突然不当な罰金の支払いを要求されるなどの事態が発生します。さらにそれだけではなく，そのような国は政府機関・治安機関の信頼性が低い場合もみられ，警察などの治安機関が犯罪に加担するなどの事例もみられ，注意が必要です。

　この観点で，駐在員等が赴任・渡航する国が，腐敗・汚職問題が深刻な国かどうか，把握しておくことも大変重要です。

　汚職・腐敗を防止する目的で国際的に活動する非政府組織（NGO），トランスペアレンシー・インターナショナル（Transparency International：TI，本部：ベルリン）は世界各国政府の汚職蔓延度ランキングである「腐敗認識指数」（Corruption Perception Index：CPI）を毎年発表しています。この腐敗認識指数は，同様の調査では最も信頼できるもののひとつとされており，各国の公務員と政治家がどの程度腐敗していると認識されるのかを 11 の専門機関が実施した 12 種類のアンケート調査の結果を統計処理し，算出しています。各国・地域の腐敗認識の度合いを，100（最も清廉）〜0（最も腐敗）のスコアで表示し，全 176 ヶ国についてランキングを作成しています。

腐敗・汚職問題の深刻な国々

　日本は20位，米国は16位で，上位には欧州等の先進国が並んでいます。一方，中国（77位），インド（81位），インドネシア（96位），ベトナム

■ 腐敗認識指数（2017年）（全180ヶ国）■

順位	国・地域名	スコア	地域区分	順位	国・地域名	スコア	地域区分
1	ニュージーランド	89	大洋州	51	韓国	54	アジア
3	フィンランド	85	西欧	54	イタリア	50	西欧
3	スイス	85	西欧	57	サウジアラビア	49	中東
6	スウェーデン	84	西欧	62	マレーシア	47	アジア
6	シンガポール	84	アジア	66	ハンガリー	45	東欧・旧ソ連
8	オランダ	82	西欧	71	南アフリカ	43	アフリカ
8	カナダ	82	北米	77	中国	41	アジア
8	英国	82	西欧	81	トルコ	40	中東
12	ドイツ	81	西欧	81	インド	40	アジア
13	オーストラリア	77	大洋州	96	ブラジル	37	南米
13	香港	77	アジア	96	インドネシア	37	アジア
16	ベルギー	75	西欧	96	タイ	37	アジア
16	オーストリア	75	西欧	103	モンゴル	36	アジア
16	米国	75	北米	107	ベトナム	35	アジア
20	**日本**	**73**	**アジア**	111	フィリピン	34	アジア
21	アラブ首長国連邦	71	中東	117	エジプト	32	アフリカ
23	フランス	70	西欧	130	ミャンマー	30	アジア
26	チリ	67	南米	135	ラオス	29	アジア
29	カタール	63	中東	135	メキシコ	29	中米
29	台湾	63	アジア	135	パラグアイ	29	南米
36	ポーランド	60	東欧・旧ソ連	135	ロシア	29	東欧・旧ソ連
42	スペイン	57	西欧	143	バングラデシュ	28	アジア
42	チェコ	57	東欧・旧ソ連	161	カンボジア	21	アジア

出典：Transparency International "Corruption Perceptions Index 2017" より抜粋（薄灰色：スコア40〜79，灰色：スコア40未満 ※スコアが低いほど，腐敗が蔓延している）

（107位），メキシコ（135位），ロシア（135位）等，日本企業が多く進出する国々でも，腐敗・汚職問題が深刻，と評価されている国々があり，注意が必要です。

6章
15 国・地域ごとの報道の自由度の違いについて教えてください

世界報道自由度ランキング

ジャーナリストらが組織しフランス・パリに本部を置くNGO「国境なき記者団」（RSF）は毎年，「世界報道自由度ランキング」を発表しています。

■ 世界報道自由度ランキング（2017年）（全180ヶ国）■

順位	国・地域名	スコア	地域区分	順位	国・地域名	スコア	地域区分
2	スウェーデン	8.27	西欧	72	日本	29.44	アジア
3	フィンランド	8.92	西欧	73	香港	29.46	アジア
5	オランダ	11.28	西欧	103	ブラジル	33.58	南米
7	スイス	12.13	西欧	110	パラグアイ	35.64	南米
9	ベルギー	12.75	西欧	119	アラブ首長国連邦	39.39	中東
11	オーストリア	13.47	西欧	123	カタール	39.83	中東
13	ニュージーランド	13.98	大洋州	124	インドネシア	39.93	アジア
16	ドイツ	14.97	西欧	127	フィリピン	41.08	アジア
19	オーストラリア	16.02	大洋州	131	ミャンマー	41.82	アジア
22	カナダ	16.53	北米	132	カンボジア	42.07	アジア
23	チェコ	16.91	東欧・旧ソ連	136	インド	42.94	アジア
29	スペイン	18.69	西欧	142	タイ	44.69	アジア
31	南アフリカ	20.12	アフリカ	144	マレーシア	46.89	アジア
33	チリ	20.53	南米	146	バングラデシュ	48.36	アジア
39	フランス	22.24	西欧	147	メキシコ	48.97	中米
40	英国	22.26	西欧	148	ロシア	49.45	東欧・旧ソ連
43	米国	23.88	北米	151	シンガポール	51.10	アジア
45	台湾	24.37	アジア	155	トルコ	52.98	中東
52	イタリア	26.26	西欧	161	エジプト	55.78	アフリカ
54	ポーランド	26.47	東欧・旧ソ連	168	サウジアラビア	66.02	中東
63	韓国	27.61	アジア	170	ラオス	66.41	アジア
69	モンゴル	28.95	アジア	175	ベトナム	73.96	アジア
71	ハンガリー	29.01	東欧・旧ソ連	176	中国	77.66	アジア

出典：RSF "2017 World Press Freedom Index" より抜粋（薄灰色：スコア15～54，灰色：スコア55以上
※スコアが高いほど報道自由度が低い）

「自由な報道」と海外危機管理との関係

　海外危機管理の観点で，自由な報道が行えない，報道統制を行っている国・地域ではどのような問題があるでしょうか？　まず報道統制を行っている国・地域では，政府当局の意向に沿わない報道は禁止・制限されます。たとえば中国では，政府機関が新聞社などの報道機関に対して，治安や民衆の不安を掻き立てる報道を行わないよう「指導」を行っており，結果として悲惨な殺人事件等の凶悪犯罪が一切報道されないことがよくあるようです。また中国政府は，民衆による地方政府機関への抗議や暴動を体制に対する脅威とみなす観点から，とくにそのような事件を報道させない傾向があります。このような報道統制は，国民の「知る権利」という観点からあってはならない行為ですが，このような国・地域の駐在員等は，安全を脅かす犯罪や暴動等が付近で発生していても知ることができない，ということとなり，その観点でも非常に問題があります。

　また，このように報道統制が行われている国では一般的に民衆が政府の広報や報道機関を信用していないため，うわさ・口コミが重視される傾向にあります。結果として，何か大きな事件，たとえば感染症の蔓延等が発生すると，他の国以上に非常に多くのデマ・風評が飛び交うこととなります。このような傾向は，ともするとパニックや急激な治安悪化などにつながるおそれがあります。

　海外危機管理の観点で，自社の駐在員等が赴任・渡航している国がどの程度，自由な報道が確保されているかを知っておくことも重要なポイントなのです。

6章 16 国・地域ごとの治安管理レベルの違いについて教えてください

治安管理レベルの評価

　海外危機管理において，滞在・渡航国・地域の治安管理のレベルを把握しておくことは非常に重要です。警察官の人数や能力不足など，犯罪者の取締り能力が不十分な国・地域は当然ながら，治安が悪化し，凶悪な犯罪が発生しやすくなります。また，万一，誘拐や企業脅迫などの重大犯罪の被害に遭った場合，滞在国の警察の対処能力が高ければ早期の解決が期待できますが，事案対処能力が低い場合，人質の生還が難しくなりかねません。警察の能力は，事案対処能力だけでなく，たとえば当事者の秘密を守る情報管理やモラルも含まれます。警察の情報管理がずさんな場合，たとえば誘拐の情報が第三者に漏れ，偽の犯人から身代金を要求されることも想定されますし，場合によっては犯人側に企業・警察の動きが漏れ，人質の命を危険にさらす事態も想定されます。

「法の支配」ランキング

　治安管理レベルを総合的に評価した指標として，「法の支配」ランキングがあります。「世界正義プロジェクト」（The World Justice Project）という非営利団体（本部：米国ワシントン D.C.）が定期的に発表しているもので，当局による法制度の遵守保障状況，財産権の保障の程度，警察・裁判所などの質，犯罪リスクなどを評価し，指標化したものです。

■「法の支配」ランキング（2016年）（全113ヶ国）■

順位	国・地域名	スコア	地域区分	順位	国・地域名	スコア	地域区分
3	フィンランド	0.87	西欧	33	アラブ首長国連邦	0.66	中東
5	オランダ	0.86	西欧	35	イタリア	0.64	西欧
4	スウェーデン	0.86	西欧	43	南アフリカ	0.59	アフリカ
7	オーストリア	0.83	西欧	49	ハンガリー	0.57	東欧・旧ソ連
6	ドイツ	0.83	西欧	52	ブラジル	0.55	南米
8	ニュージーランド	0.83	大洋州	56	マレーシア	0.54	アジア
9	シンガポール	0.82	アジア	55	モンゴル	0.54	アジア
10	英国	0.81	西欧	61	インドネシア	0.52	アジア
11	オーストラリア	0.81	大洋州	66	インド	0.51	アジア
12	カナダ	0.81	北米	64	タイ	0.51	アジア
13	ベルギー	0.79	西欧	70	フィリピン	0.51	アジア
15	**日本**	**0.78**	**アジア**	67	ベトナム	0.51	アジア
16	香港	0.77	アジア	80	中国	0.48	アジア
17	チェコ	0.75	東欧・旧ソ連	88	メキシコ	0.46	中米
18	米国	0.74	北米	92	ロシア	0.45	東欧・旧ソ連
19	韓国	0.73	アジア	99	トルコ	0.43	中東
21	フランス	0.72	西欧	98	ミャンマー	0.43	アジア
22	ポーランド	0.71	東欧・旧ソ連	103	バングラデシュ	0.41	アジア
24	スペイン	0.70	西欧	110	エジプト	0.37	アフリカ
26	チリ	0.68	南米	112	カンボジア	0.33	アジア

出典：The World Justice Project "WJP Rule of Law Index 2016" より抜粋（薄灰色：スコア0.50～0.79，灰色：スコア0.50未満　※スコアが低いほど治安管理レベルが低い）

　東アジア・東南アジアの新興国がランキングの下位に多数登場することに注意が必要です。とくに中国，メキシコ，ロシア，トルコ，ミャンマー等，比較的多くの日本企業が進出している国々で，治安管理レベルが低く評価されている点については，とくに注意が必要です。

参考文献

海外安全・海外危機管理

株式会社 名南経営コンサルティング，社会保険労務士法人 名南経営 ［2017］『海外赴任者の危機管理対策マニュアル』中央経済社

さいとう・たかを（企画・制作：外務省）［2017］『ゴルゴ13の中堅・中小企業向け海外安全対策マニュアル』

日本在外企業協会 ［2016］『海外赴任者・出張者の安全マニュアル（改訂第2版）』日本在外企業協会

日本在外企業協会海外安全センター ［2002］『海外出張・駐在する人のためのまんが海外危機管理入門』ぎょうせい

樋口健夫，樋口容視子 ［2005］『駐在員のための海外生活危機管理—あなたと家族を守る「読むワクチン」』日科技連出版社

危機管理・リスクマネジメント

アイアン・ミトロフ（著），上野正安，大貫功雄（訳）［2001］『危機を避けられない時代のクライシス・マネジメント』徳間書店

佐々淳行 ［1991］『完本 危機管理のノウハウ』文藝春秋

高田朝子 ［2003］『危機対応のエフィカシー・マネジメント—「チーム効力感」がカギを握る』慶應義塾大学出版会

東京海上火災保険企業リスクコンサルティング室 ［1995］『図説企業リスクのすべて その事例と対策』東洋経済新報社

東京海上日動リスクコンサルティング株式会社 ［2012］『図解入門ビジネス最新リスクマネジメントがよ〜くわかる本［第2版］』秀和システム

東京海上日動リスクコンサルティング株式会社 ERM 事業部 ［2009］『リスクマネジメント規程集』かんき出版

東京海上日動リスクコンサルティング㈱ 編 ［2018］『実践事業継続マネジメント（第4版）』同文舘出版

中澤幸介 ［2013］『被災しても成長できる危機管理「攻めの」5アプローチ』新建新聞社

毛利正人 ［2014］『図解海外子会社マネジメント入門』東洋経済新報社

茂木寿 ［2007］『リスクマネジメント構築マニュアル—法改正によるリスク増大に対応する 内部統制強化による危機管理の進め方』かんき出版

テロ・誘拐等

外務省領事局邦人テロ対策室 ［2014］「海外における脅迫・誘拐対策 Q&A」

加藤晃，大越修（編著），和田大樹，石山裕，吉田彩子（著）［2015］『テロ・誘拐・

脅迫 海外リスクの実態と対策』同文舘出版

奥村徹，小井土雄一，作田英成，鈴木澄男，中村勝美，箱崎幸也［2013］『核・放射線，生物剤，化学剤，爆弾 NBC テロ・災害対処ポケットブック』診断と治療社

菅原出，ニルス・ビルト［2014］『海外進出企業の安全対策ガイド』並木書房

菅原出［2014］『リスクの世界地図：テロ，誘拐から身を守る』朝日新聞出版

日本再建イニシアティブ［2017］『現代日本の地政学　13 のリスクと地経学の時代』（中公新書）中央公論新社

ハイム・グラノット，ジェイ・レビンソン（著），滝川義人（訳）［2004］『イスラエル式テロ対処マニュアル』並木書房

藤原和彦［2001］『イスラム過激原理主義　なぜテロに走るのか』（中公新書）中央公論新社

「レジリエンス社会」をつくる研究会［2016］『しなやかな社会の挑戦 CBRNE，サイバー攻撃，自然災害に立ち向かう』日経 BP コンサルティング

感染症

古川恵一［2003］『海外旅行の感染症から身を守る本（聖路加国際病院健康講座）』双葉社

和田耕治（監修），東京海上日動リスクコンサルティング（編集）［2015］『家族と企業を守る　感染症対策ガイドブック』日本経済新聞出版社

規格類

JIS［2010］JIS Q 31000：2010「リスクマネジメント―原則及び指針」

JIS［2013］JIS Q 22320：2013（ISO 22320：2011）「社会セキュリティ―緊急事態管理―危機対応に関する要求事項」

ISO［2018］ISO 31000：2018 *Risk management — Guidelines*

調査・レポート等

（株）格付投資情報センター『R&I カントリーリスク調査』（2017- 秋号）

公安調査庁［2017］『国際テロリズム要覧』

東京海上リスクコンサルティング（株）編

　『TALISMAN』（東京海上火災保険（株））

　　［1993］「ワールドトレードセンタービル爆破事件」

　　［2000］「危機発生時の広報」

東京海上日動リスクコンサルティング（株）編

　『TALISMAN』（東京海上日動火災保険（株））

　　［2011］「海外進出企業に求められる危機管理体制」

　　［2018］「政治リスク・地政学リスクと企業に求められる対応」

東京海上日動リスクコンサルティング（株）

『リスクマネジメント最前線』

　　［2013］「クローズアップされる PM2.5 の大気汚染問題」

　　［2013］「MERS（マーズ）コロナウイルス感染拡大への備え」

　　［2013］「ケニア襲撃事件とテロへの企業の対応」

　　［2013］「ニジェールにおける仏企業の人質解放と企業の対応」

　　［2013］「フィリピンにおける台風 30 号ハイエンの被害と忍び寄る高潮リスク」

　　［2013］「海外危機管理のポイント①　企業の海外進出と多様化するリスク」

　　［2013］「海外で警戒が必要な感染症と対策」

　　［2013］「海外危機管理のポイント②　海外赴任者の危機管理・健康管理」

　　［2014］「航空機・列車における重大事故リスクへの対応」

　　［2014］「海外危機管理のポイント③　海外における政情変化リスクと企業の対応」

　　［2014］「拡大する世界の水害リスクと企業の対応」

　　［2014］「海外危機管理のポイント④　海外における自然災害リスクと企業の対応」

　　［2014］「インドネシア・ジャカルタの水災リスクと企業の対応」

　　［2014］「アジア地域統括会社に求められるリスク管理」

　　［2014］「イスラム国（IS）空爆で高まる世界各地のテロリスク」

　　［2014］「エボラ出血熱の国内におけるリスクと企業に求められる対策」

　　［2014］「リスクマネジメントにおける本社と海外拠点の連携のあり方　～海外
　　　　　　　拠点リスクマネジメント動向調査 調査結果～」

　　［2015］「インドにおける大気汚染問題と企業に求められる対策」

　　［2015］「ホームグロウン型テロと海外進出企業に求められる対策」

　　［2015］「フィリピン・マレーシアにおけるリスクマネジメント～海外拠点リス
　　　　　　　クマネジメント動向調査 調査結果～」

　　［2015］「天津爆発事故と事業継続」

　　［2015］「東南アジアにおけるヘイズ（煙害）の影響と企業の対策」

　　［2015］「パリにおける同時多発テロと企業の対策」

　　［2016］「インド南部タミル・ナド州で発生した洪水について」

　　［2016］「海外における感染症動向～ 2015 年度の振り返り～」

　　［2016］「アジア地域における交通事故の現状と進出企業に求められる対策」

　　［2016］「インドチェンナイを直撃したサイクロン Vardah について」

　　［2017］「EU における「一般データ保護規則（GDPR）」への企業の対応」

　　［2017］「世界同時多発ランサムウェア攻撃（5 月 13 日）と企業の対応」

　　［2017］「高層住宅の防災について　～ロンドンで発生した高層住宅火災に学ぶ」

東京海上リスクコンサルティング（株）

『TRC EYE』

　　［2002］「Vol.22　企業経営に対するリスクマネジメントの要請」

［2004］「Vol.48　海外出張駐在員テロ対策ガイド―組織の危機管理と個人の安
　　　　　全対策の進め方―」
東京海上日動リスクコンサルティング（株）
　『TRC EYE』
　　　［2004］「Vol.53　海外での危機管理対策―組織体制と危機対応のポイント―」
　　　［2012］「Vol.283　海外赴任者の健康管理・危機管理と企業の法的責任」
　　　［2016］「Vol.307　政治リスクのマネジメント」
　　　［2017］「Vol.309　政治リスク／地政学リスクの評価と見通し：2016-2017年」
　　　［2017］「Vol.312　サイバーリスクと危機管理・事業継続：訓練・演習から得ら
　　　　　れた課題と教訓」
　　　［2018］「Vol.316　海外事業におけるリスクマネジメントの重要性」
独立行政法人労働政策研究・研修機構［2008］『第7回海外派遣勤務者の職業と生活
　に関する調査結果』
内閣府防災担当［2012］『「企業の事業継続訓練」の考え方―製造業の調達機能によ
　る事業継続訓練の実施事例をもとに―』

安全配慮義務
厚生労働省「安全配慮義務に関する裁判例」
厚生労働省「労災保険　特別加入制度のしおり＜海外派遣者用＞」
ロア・ユナイテッド法律事務所HP「ビジネスQ&A―Ⅳ会社の人材管理―海外出
　張・派遣中の労災」

新型インフルエンザ等対策
内閣官房「新型インフルエンザ等対策政府行動計画（平成29年9月12日　一部変更）」

海外文献・資料等
The STATOIL ASA, *THE IN AMENAS ATTACK Report of the investigation
　into the terrorist attack on In Amenas,* September 9, 2013
　　（https://www.statoil.com/en/where-we-are/algeria.html）（2018年3月7日閲覧）
National Commission on Terrorist Attacks Upon the United States, *The 9/11
　Commission Report: Final Report of the National Commission on Terrorist
　Attacks Upon the United States,* July 22, 2004（http://govinfo.library.unt.
　edu/911/report/index.htm）（2018年3月7日閲覧）
the Centre for Research on the Epidemiology of Disasters（CRED）, *the
　Emergency Events Database*（*EM-DAT*）
　　（http://www.emdat.be/）（2018年3月8日閲覧）

関連 URL 一覧

海外・各国情報, 安全関連情報

◆外務省
　「海外安全ホームページ」
　http://www.anzen.mofa.go.jp/
◆独立行政法人日本貿易振興機構（JETRO）
　「国・地域別に見る」
　https://www.jetro.go.jp/world/
　「アジア経済研究所」
　http://www.ide.go.jp/Japanese.html
◆独立行政法人国際協力機構（JICA）
　https://www.jica.go.jp/
◆海外職業訓練協会（OVTA）
　「各国・地域情報」
　http://www.ovta.or.jp/info/index.html
◆一般社団法人 日本在外企業協会
　「海外安全情報」
　https://joea.or.jp/safetyinfo
◆一般社団法人 海外邦人安全協会（JOSA）
　「海外安全お役立ち情報」
　http://www.josa.or.jp/travel/manual/index.html

海外政府機関による渡航安全情報

◆米国：国務省
　「渡航安全情報」
　https://travel.state.gov/content/travel/en/traveladvisories/traveladvisories.html
　「海外安全対策協議会（Overseas Security Advisory Council：OSAC）」
　https://www.osac.gov/Pages/Home.aspx
◆英国：外務・英連邦省
　https://www.gov.uk/foreign-travel-advice
◆カナダ：国際関係省
　https://travel.gc.ca/travelling/advisories
◆オーストラリア：外務・通産省
　http://smartraveller.gov.au/Countries/Pages/default.aspx

統計・調査

◆経済産業省
　「海外事業活動基本調査」
　http://www.meti.go.jp/statistics/tyo/kaigaizi/index.html
◆外務省
　「海外在留邦人数調査統計」
　http://www.mofa.go.jp/mofaj/toko/page22_000043.html
　「海外邦人援護統計」
　http://www.anzen.mofa.go.jp/anzen_info/support.html
◆法務省
　「出入国管理統計」
　http://www.moj.go.jp/housei/toukei/toukei_ichiran_nyukan.html
◆独立行政法人日本貿易振興機構（JETRO）
　「直接投資統計」
　https://www.jetro.go.jp/world/japan/stats/fdi.html
　「日本企業の海外事業展開に関するアンケート調査」（2016 年度）
　https://www.jetro.go.jp/world/reports/2017/01/5b57525465154f73.html
◆株式会社国際協力銀行（JBIC）
　「わが国製造業企業の海外事業展開に関する調査報告─2017 年度海外直接投資
　アンケート結果（第 29 回）─」（2017 年 11 月）
　https://www.jbic.go.jp/ja/information/press/press-2017/1122-58812.html
◆世界保健機関（World Health Organization：WHO）
　Global Urban Ambient Air Pollution Database（*update 2016*）
　http://www.who.int/phe/health_topics/outdoorair/databases/cities/en/
　The Global status report on road safety 2015 - Table A2 - ROAD TRAFFIC
　DEATHS AND PROPORTION OF ROAD USERS BY COUNTRY/AREA
　http://www.who.int/violence_injury_prevention/road_safety_status/2015/GS
　RRS2015_data/en/
◆世界経済フォーラム（World Economic Forum：WEF）
　The Global Competitiveness Report 2017-2018, September 26, 2017
　https://www.weforum.org/reports/the-global-competitiveness-report-2017-
　2018

テロ

◆公安調査庁
　「国際テロリズム要覧（Web 版）」
　http://www.moj.go.jp/psia/ITH/index.html

関連URL

自然災害

◆アジア防災センター（ADRC）
　　http://www.adrc.asia/top_j.php
◆米国地質調査所（U.S. Geological Survey：USGS）
　　https://www.usgs.gov/

感染症

◆厚生労働省検疫所（FORTH）
　　「海外の感染症の最新の流行状況や，予防方法などの情報」
　　http://www.forth.go.jp/
◆国立感染症研究所感染症疫学センター
　　https://www.niid.go.jp/niid/ja/from-idsc.html
◆世界保健機関（World Health Organization：WHO）
　　http://www.who.int/en/

航空安全

◆米国連邦航空局（Federal Aviation Administration：FAA）
　　「国際航空安全評価」（International Aviation Safety Assessment：IASA）
　　https://www.faa.gov/about/initiatives/iasa/
◆欧州委員会（European Commission：EC）
　　「EU域内乗り入れ禁止航空会社リスト」（The EU Air Safety List）
　　https://ec.europa.eu/transport/modes/air/safety/air-ban_en

指標

◆経済平和研究所（Institute for Economics and Peace：IEP）
　　「世界平和度指数」（Global Peace Index 2017）
　　http://visionofhumanity.org/indexes/global-peace-index/
◆マーサー社（Mercer）
　　「2017年世界生活環境調査」（2017 Quality of living rankings）
　　https://mobilityexchange.mercer.com/Insights/quality-of-living-rankings
◆インターネーションズ社（InterNations）
　　「駐在都市ランキング2017」（Expat City Ranking 2017）
　　https://www.internations.org/expat-insider/2017/the-best-and-worst-cities-for-expats-39279
◆トランスペアレンシー・インターナショナル（Transparency International：TI）
　　「腐敗認識指数」（Corruption Perception Index：CPI）
　　https://www.transparency.org/research/cpi/overview

◆国境なき記者団（RSF）
「世界報道自由度ランキング」（World Press Freedom Index）
https://rsf.org/en/ranking
◆世界正義プロジェクト（The World Justice Project：WJP）
「「法の支配」ランキング」（Rule of Law Index）
https://worldjusticeproject.org/our-work/wjp-rule-law-index

索　引

A〜Z

BCP ································· 94
ERM ································· 12
ESG 投資 ··························· 165
EU 域内乗り入れ禁止
　　航空会社リスト ············· 192
EU 一般データ保護規則 ········· 12
FAA ································ 192
GPS リアルタイム
　　位置把握サービス ··········· 123
ICAO ······························ 192
IEP ································ 197
IS ································· 171
ISO ································ 166
JETRO ······························ 156
JISQ22320：2013 ················· 9
MERS ······························ 180
MRTA ······························ 121
PDCA サイクル ··············· 21, 148
R&I カントリーリスク調査 ······· 195
RSF ································ 204
SARS 感染拡大 ····················· 183
WEF ································ 191
WHO ································ 181
WTC ビル爆破テロ（米国） ······· 152

あ

アシスタンスサービス会社 ········· 115
アルカイダ ························· 170
アルジェリア人質事件 ············· 124
安全配慮義務 ······················ 162
安否確認システム ·················· 107
安否確認体制 ······················ 107

イスラム過激思想 ·················· 170
インターネーションズ社

（Internations） ················· 200
インテリジェンス ·················· 99
インフォメーション ··············· 99

ウォークスルー訓練 ··············· 139
ウサマ・ビン・ラーディン ········· 170

永住者 ····························· 158
衛星携帯電話・ルーター ··········· 109
エボラ出血熱 ······················ 180

欧州委員会 ························· 192
オウム真理教 ······················ 170

か

海外安全情報 ······················ 194
海外安全対策ガイドライン
　（海外出張者用） ··············· 25
海外安全対策ガイドライン
　（海外駐在員・帯同家族用） ····· 25
海外安全対策に関するアンケート ··· 97
海外安全における原則 ············· 186
海外安全ホームページ ············· 103
海外医療アシスタンス ············· 117
　　──サービス ················· 114
海外危機管理 ······················ 8
　　──情報提供サービス ········· 106
　　──体制 ····················· 96
　　──担当部門 ················· 34
　　──の主体的マトリックス ····· 6
　　──の目的 ··················· 32
海外危機管理マニュアル ··········· 18
　　──（拠点用） ··············· 25
　　──（本社用） ··············· 25
海外在留邦人数調査統計 ··········· 157
海外出張申請 ······················ 106
海外情報サービス ·················· 104

海外における脅迫・
　誘拐対策 Q&A ……………… 120
（一般社団法人）
　海外邦人安全協会 ……………… 106
海外邦人援護統計 ………………… 110
海外旅行保険 ……………………… 110
外務省 ……………………………… 103
過激派組織「イスラム国」（IS）………… 171
（株）格付投資情報センター ………… 195
簡易コンサルティング …………… 104

危機 ………………………………… 168
危機管理 ……………………… 9, 168
企業価値 …………………………… 164
「危険情報」カテゴリー ………… 194
危険地域専門警備
　コンサルティング会社 ………… 122
机上型シミュレーション訓練 …… 139, 140
救援者費用 ………………………… 112
教育・訓練 ………………………… 130
緊急一時帰国費用 ………………… 112
緊急対策本部 ……………………… 27
緊急退避 …………………………… 83

クーデター（エジプト）………… 2
クーデター（タイ）…………… 2, 100
クーデター未遂（トルコ）……… 2
グローバル化 ……………………… 156
グローバル競争力報告書 ………… 191, 196
クロスボーダー（国際間）M&A … 160

経営トップの関与 ………………… 128
携行品損害 ………………………… 112
経済平和研究所（IEP）………… 197
継続的改善 ………………………… 148
現地採用の従業員 ………………… 10
現地対策本部 ……………………… 27

航空機寄託手荷物遅延費用 ……… 112
航空機遅延費用 …………………… 112

広報対応・記者会見訓練 ………… 139
広報対応を含む訓練 ……………… 146
国際協力銀行 ……………………… 157
国際標準化機構（ISO）………… 166
国際民間航空機関（ICAO）…… 192
国際連合大学 ……………………… 177
国家安全法（中国）……………… 187
国境なき記者団（RSF）………… 204
コンボイドライビング …………… 123

さ

在外公館 …………………………… 158
サイクロン「Vardar」…………… 3
最高責任者 ………………………… 34
在留届 ……………………………… 158
サポートデスク …………………… 116

事業継続計画（BCP）…………… 94
地震対策マニュアル ……………… 94
実動訓練 …………………………… 139
ジャカルタ暴動（インドネシア）… 175
車載型緊急コールサービス ……… 123
重症急性呼吸器症候群 …………… 180
出張者 ……………………………… 10
　――向け教育・研修 …………… 136
新型インフルエンザ A（H1N1）……… 180
新型インフルエンザ等
　対策政府行動計画 ……………… 181

スタトイル ………………………… 124
ステークホルダー ………………… 161
ステートメント …………………… 146
スマトラ島沖地震
　（インドネシア）………………… 106

政情変化 …………………………… 172
政治リスクマネジメント ………… 174
星等級制 …………………………… 193
世界経済フォーラム（WEF）…… 191
世界生活環境調査 ………………… 198

217

世界正義プロジェクト ……………… 206
世界平和度指数 …………………… 197
世界報道自由度ランキング ……… 204
世界保健機関 ……………………… 181
世界リスク報告書 ………………… 177
セキュリティアシスタンス ……… 117
前後尾車両警備 …………………… 123
全社的リスクマネジメント
　（ERM） ………………………… 12
専門コンサルティング会社 ……… 118

想定 Q&A ………………………… 146
属人化 ……………………………… 128

た

対外直接投資残高 ………………… 156
タイ洪水被害 ……………………… 179
帯同家族 …………………………… 10
タクティカルドライビング ……… 123
ダッカ襲撃事件
　（バングラデシュ） …………… 2, 134
たびレジ …………………………… 105
　──の「簡易登録」 ……………… 106
短波ラジオ ………………………… 109

地域統括拠点 ……………………… 27
駐在員 ……………………………… 10
　──向け教育・研修 …………… 132
駐在都市ランキング ……………… 200
中東呼吸器症候群（MERS） …… 180
長期滞在者 ………………………… 158

テロ（Terrorism） ……………… 170
　──の拡散 ……………………… 13
　パリ同時多発── ……………… 2
　米国同時多発── ……………… 153
　ベルギー連続爆破── ………… 134
　ムンバイ同時襲撃──（インド）…… 170
　ロンドン同時爆破── ………… 170
　天津港爆発事故（中国）………… 3

トゥパクアマル革命運動（MRTA）…… 121
独立調査委員会レポート ………… 153
渡航管理 …………………………… 106
トラッキングシステム …………… 108
トランスペアレンシー・
　インターナショナル …………… 202
鳥インフルエンザ A（H7N9）…… 180

な

ナショナルスタッフ ……………… 10
新潟県中越沖地震 ………………… 126
新潟県中越地震 …………………… 126
日系企業拠点数 …………………… 158
日本企業の海外事業展開に関する
　アンケート調査 ………………… 157
（一般社団法人）日本在外企業協会 …… 97
（独立行政法人）日本貿易振興機構
　（JETRO）……………………… 156
入院一時金 ………………………… 112

は

阪神・淡路大震災 ………………… 126

ビジネストラベルマネジメント …… 108

不敬罪 ……………………………… 187
赴任前研修 ………………………… 132
腐敗認識指数 ……………………… 202
ブラックボックス化 ……………… 129
プレス資料 ………………………… 146

米国連邦航空局（FAA）………… 192
ペルー大使公邸占拠事件 ………… 121

防弾車（軽装備・重装備）……… 123
防弾ベスト ………………………… 123
「法の支配」ランキング ………… 206
「ホームグロウン」型 …………… 171

ま

マーサー社（Mercer） ……………… 198
マニュアル（manual） ………………… 28

身代金誘拐 ………………………… 118
民間企業関係者 …………………… 158

メンタルヘルス …………………… 201
　——専門サービス会社 …………… 201

モニタリング（監視） ……………… 98

ら

リアルタイム型
　シミュレーション訓練 ……… 139, 142
リスク ……………………………… 166
　カントリー—— …………………… 195
　政策変更—— ……………………… 174
　政変・紛争・暴動—— …………… 172
　セキュリティ—— ………………… 174
　戦略—— …………………………… 166

贈収賄—— ………………………… 12
ネガティブ（な）—— ……………… 166
ポジティブ（な）—— ……………… 166
リスクアセスメント ……………… 148
リスクマネジメント ……………… 168

レスキューサービス ……………… 123
連合赤軍 …………………………… 170

ローカル社員 ……………………… 10
ローカルスタッフ ………………… 10
「ローンウルフ」型 ……………… 171
ロンドン西部大規模火災（英国） ……… 3

わ

ワークショップ型訓練 …………… 139
わが国製造業企業の海外事業展開に関する
　調査報告 ………………………… 157
湾岸危機邦人人質事件
　（クウェート） ………………… 101
湾岸危機を契機とする緊急提言 ……… 101

索引

219

〈著者紹介〉

深津　嘉成（ふかつ・よしなり）
東京海上日動リスクコンサルティング株式会社　ビジネスリスク本部　マネージャー
主席研究員。

1993 年に東京海上火災保険株式会社に入社し，損害保険の営業およびマーケット分析・開発に従事した後，2001 年，東京海上リスクコンサルティング株式会社へ出向。企業・自治体等のリスクマネジメント，危機管理，テロ等を含む各種リスク対策に関する調査・研究・コンサルティング，様々な情報提供サービスに従事。2006 年，東京海上グループの中国現地法人へ赴任し，在中国企業を取り巻く様々なリスクの調査・研究を担当した後，2011 年8 月より現職。

著書に『家族と企業を守る　感染症対策ガイドブック』（日本経済新聞出版社，共著），『実践　事業継続マネジメント（第4版）』（同文舘出版，共著）などがある。論文に "Corporate Public Relations and Simulated Media Response Exercises for Crisis Events"（「危機発生時の企業広報と実践対応力養成訓練」），"The Sixth International Conference on Corporate Earthquake Programs", October, 2002 がある。

〈編者紹介〉

東京海上日動リスクコンサルティング株式会社

1996年8月に東京海上火災保険株式会社の企業向けリスク
コンサルティング部門を独立させ，東京海上リスクコンサル
ティング株式会社として設立。2004年10月に現社名に変
更。企業や自治体などに対して，海外安全，危機管理のほか，
火災・爆発，自然災害，製品安全，環境問題，土壌汚染，情報
セキュリティ，サイバーリスク，苦情対応，コンプライアン
ス，交通安全，広報対応，事業継続，健康経営など幅広い分
野において，リスクの評価やリスクの低減，事故発生時の対応
に関するコンサルティングを行っている。
http://www.tokiorisk.co.jp/

平成30年5月30日　　初版発行
平成31年2月15日　　初版2刷発行　　　　略称：海外危機管理

海外危機管理ガイドブック
―マニュアル作成と体制構築―

編　者　Ⓒ　東京海上日動リスク
　　　　　　コンサルティング㈱
著　者　Ⓒ　深 津 嘉 成
発行者　　　中 島 治 久

発行所　同 文 舘 出 版 株 式 会 社
　　　　東京都千代田区神田神保町 1-41　　〒 101-0051
　　　　営業（03）3294-1801　　編集（03）3294-1803
　　　　振替 00100-8-42935　　http://www.dobunkan.co.jp

Printed in Japan 2018　　　　　　DTP：マーリンクレイン
　　　　　　　　　　　　　　　　印刷・製本：萩原印刷

ISBN978-4-495-39019-8

JCOPY〈出版者著作権管理機構 委託出版物〉
本書の無断複製は著作権法上での例外を除き禁じられています。複製され
る場合は，そのつど事前に，出版者著作権管理機構（電話 03-5244-5088,
FAX 03-5244-5089, e-mail: info@jcopy.or.jp）の許諾を得てください。

本書とともに

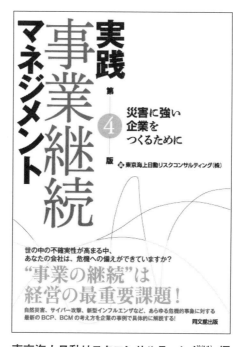

東京海上日動リスクコンサルティング㈱ 編

A5判　256頁
定価（本体 2,400 円＋税）

同文舘出版株式会社